SIMPLISSIME

Schottland

DI

PRAKTISCHSTE
REISEFÜHRER
DER WELT

EINFACH LOS!

BRUCKMANN

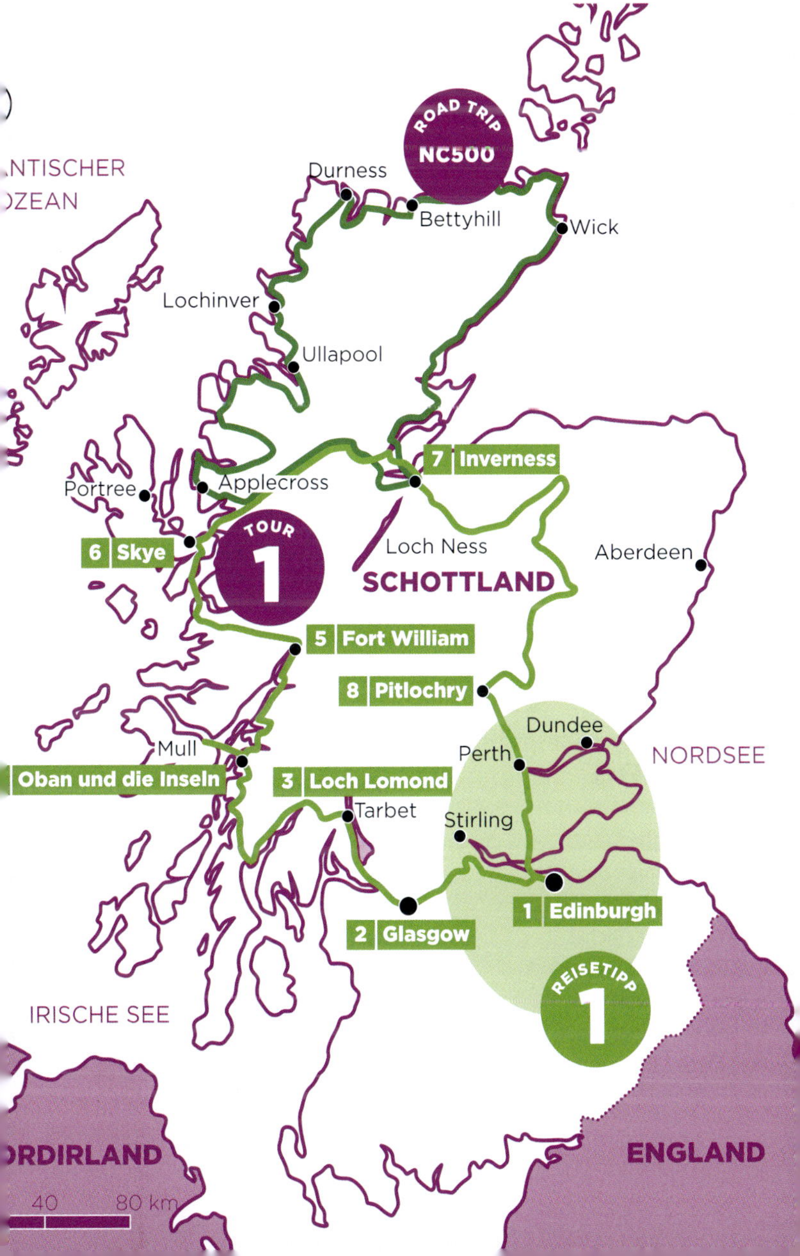
ROAD TRIP
NC500
Durness
Bettyhill
Wick
Lochinver
Ullapool
Portree
Applecross
7 Inverness
6 Skye
TOUR
1
Loch Ness
SCHOTTLAND
Aberdeen
5 Fort William
8 Pitlochry
Dundee
Perth
NORDSEE
Mull
Oban und die Inseln
3 Loch Lomond
Tarbet
Stirling
1 Edinburgh
2 Glasgow
REISETIPP
1
IRISCHE SEE
ENGLAND
40
80 km

INHALT

PRAKTISCHE INFOS

Schottland in Kürze 8
Anreise 10
Klima 12
Übernachten 13
Unterwegs mit dem Auto 14
Öffentliche Verkehrsmittel 16
Geld 18
Im Alltag 20
Feste und Feiertage 21
Telefon und Internet 22
Gesundheit und Sicherheit 23

DIE THEMEN DER REGION

Die schönsten Aussichtspunkte 24
Zauberhafte Seen 26
Naturwunder 28
Outdoor-Aktivitäten 29
Schottische Spezialitäten 30
Scotch Whisky 31
Ein wenig Geschichte 32
Distel, Kilt und Dudelsack 34
Burgen und Schlösser 36
Mythen und Legenden 38
Malerische Dörfer 39
Filmkulissen 40

TOUR

TOUR 1

SCHOTTLANDS HIGHLIGHTS **4**

14 Reisetage

- **Etappe 1 | Edinburgh** **4**
Tagesausflug: Pentland Hills 5
> Von Edinburgh nach Glasgow 5
- **Etappe 2 | Glasgow** **6**
Tagesausflug: Isle of Bute 7
> Von Glasgow nach Loch Lomond 8
- **Etappe 3 | Loch Lomond** **8**
> Von Loch Lomond nach Oban 9
- **Etappe 4 | Oban und die Inseln** **9**
Oban 9
Kerrera, Mull, Iona … 9
> Von Oban nach Fort William 10
- **Etappe 5 | Fort William und Umgebung** **10**
> Von Fort William nach Skye 11
- **Etappe 6 | Skye** **11**
> Von Skye nach Inverness 12
- **Etappe 7 | Inverness und Loch Ness** **12**
Tagesausflug: Auf den Spuren der schottischen Geschichte 13
> Von Inverness nach Pitlochry 13
- **Etappe 8 | Pitlochry und Umgebung** **13**
Tagesausflug: An die Küste von Aberdeenshire 14
> Von Pitlochry nach Edinburgh 14

REISETIPP

RUND UM EDINBURGH 146
Dean Village und Leith 148
Halbinsel Fife 154
Die Welt des *Outlander* 158
Dundee 162
Stirling 166
Die Lothians 170
Die Borders 174

ROAD TRIP

ROAD TRIP AN DIE NORDKÜSTE (NC500) 178
5 Reisetage

- Etappe 1 | Von Inverness nach Wick 184
- Etappe 2 | Von Wick nach Durness 186
- Etappe 3 | Von Durness nach Ullapool 188
- Etappe 4 | Von Ullapool nach Applecross 190
- Etappe 5 | Von Applecross nach Inverness 192

REGISTER 194

100 % SCHOTTLAND

Weil es wohl keine besseren Tipps als die einer Einheimischen gibt, verweist dieses Icon auf die Lieblingsadressen unserer Autorin. **Sarah Lachhab**, die seit 2015 in Edinburgh lebt, verbringt ihr Leben auf Schottlands Straßen, denn sie ist Reiseleiterin und Bloggerin (www.frenchkilt.com). Als leidenschaftliche Autorin füllt sie ihre Notizbücher mit Eindrücken und empfehlenswerten Adressen, die sie in diesem Buch gerne mit Ihnen teilt.

SCHOTTLAND IN KÜRZE

Großbritannien
Schottland
Hauptstadt: Edinburgh

1.50 Std. Flug
Von Frankfurt/M nach Edinburgh oder Glasgow

Reisepass
Siehe Brexit S. 4

Zeitverschiebung
-1 Std.
14h Berlin = 13h Edinburgh

Englisch
Vereinzelt auch Gälisch und Schottisch

Pfund Sterling (£)

5,5 Mio. Einwohner
(knapp die Einwohnerzahl Sachsens)

Fläche

80 000 km²
(knapp so groß wie Österreich)

ANTISCHER
OZEAN
Portree
Skye
Inverness
Loch Ness
Aberdeen
SCHOTTLAND
Fort William
Pitlochry
Dundee
Perth
NORDSEE
Mull
Oban
Tarbet
Stirling
Loch
Lomond
Edinburgh
Glasgow
IRISCHE SEE
RDIRLAND
ENGLAND
40
80 km

ANREISE

FLUGZEUG

- Es gibt vier große internationale Flughäfen: Edinburgh, Glasgow, Aberdeen und Inverness. **Edinburgh Airport** und **Glasgow Airport** sind die wichtigsten Flughäfen für ausländische Besucher.
- **Flugzeit:** 1.50 Std. von Frankfurt nach Edinburgh bzw. Glasgow
- **Inverness Airport** bietet sich als Einstieg in den Roadtrip auf der NC500 an (Zwischenstopp in London, Manchester, Stornoway oder Belfast).

PREIS FÜR EIN RÜCKFLUGTICKET

- **Frankfurt/M–Edinburgh**

180 € **Durchschnitt**
130 € **Guter Preis**
100 € **Super Preis!**

- **Frankfurt/M–Glasgow**

200 € **Durchschnitt**
140 € **Guter Preis**
100 € **Super Preis!**

Preise im Jahresdurchschnitt. Buchen Sie lange im Voraus, vor allem in der Hochsaison (Juli/August).

BAHN

- **Eurostar bis London St Pancras** Reserv. auf www.eurostar.com
- Dann mit dem Zug nach **Edinburgh** oder **Glasgow** (ca. 4 Std.), meist vom Bahnhof King's Cross (zu Fuß von St Pancras erreichbar)
- Reserv. auf **www.scotrail.co.uk**
- Gesamtpreis Eurostar und Zug in den Norden: 150–400 € (Reserv.!)
- Zahlreiche Verbindungen in andere schottische Städte von Edinburgh oder Glasgow aus

MULL IONA STAFFA TOURS
THE IONA SHOP

KLIMA

BESTE REISEZEIT

Frühling und Herbst: Die Temperaturen sind mild (7–13 °C), viele Kulturstätten sind geöffnet, die Preise sind günstiger. **Sommer:** Die wärmsten Monate (15–23° C), lange, helle Tage, aber viele Touristen und hohe Preise. **Winter:** Schlechte Lichtverhältnisse, hohe Luftfeuchtigkeit und Kälte, viele Sehenswürdigkeiten im ländlichen Raum sind geschlossen.

TEMPERATUR

(min./max. – Edinburgh)

6/14 °C Frühling
10/19 °C Sommer
4/10 °C Herbst
0/6 °C Winter

REGEN

Ozeanisches Klima, in Edinburgh, Glasgow und Aberdeen vergleichbar mit der Bretagne. Niederschläge rund um das Jahr, extrem wechselhaftes Wetter, Regen kann jederzeit eintreten. Rüsten Sie sich entsprechend aus!

ÜBERNACHTEN

GUT ZU WISSEN

• Die **Kosten** für die Unterkunft in Schottland sind sehr hoch (Hotels sind teurer als B & Bs).
• Nehmen Sie sich die Zeit, vor Ihrer Buchung die **Stornierungsbedingungen** genau zu prüfen.
• Achten Sie auf das **Frühstück**: Es ist nicht in allen Einrichtungen automatisch inbegriffen.

HOTELS UND B & B

• Nehmen Sie Ihre **Buchungen** im Sommer im Voraus vor, vor allem in Inverness oder auf der Insel Skye. Auch die Zeit rund um Neujahr ist in Edinburgh eine beliebte Reisezeit.
• Traditionelle **Bed-&-Breakfast-Häuser** sowie *guesthouses* bieten die Möglichkeit, in einem familiären Umfeld zu übernachten, und bieten meist ein reichhaltiges Frühstück.
• Um ein Hotel oder B & B zu buchen: **www.visitscotland.com**

HOSTELS (JUGENDHERBERGEN)

• In der Regel sind schottische *hostels* **sehr sauber** und **gepflegt**. Sie sind echte Treffpunkte!
• **Weit verbreitete Art** der Unterbringung. Immer mehr *hostels* haben auch Privatzimmer im Angebot.
• Übernachtung im Schlafsaal zum **kleinen Preis** (10–30 £/Pers. und Nacht), mit Zugang zu verschiedenen Gemeinschaftseinrichtungen (Küche, Waschmaschine, Wohnzimmer etc.).
• **www.hostellingscotland.org.uk**

CAMPING

• **Wildes Zelten** ist erlaubt, sofern nicht anders ausgewiesen. Allerdings sollte man keinerlei Spuren hinterlassen! Wenn man in der Nähe eines Wohnhauses zeltet, gehört es zum guten Ton, sich vorzustellen.
• Viele Campingplätze haben für ihre Gäste auch **Bungalows** oder **Wohnwagen** im Angebot.
• **Diverse mobile Apps helfen bei der Auswahl:** Campmate App, AA Caravaning, WikiCamps UK, etc.

UNTERWEGS MIT DEM AUTO

MIETWAGEN

- **Buchung:** Bevorzugen Sie die internationalen Unternehmen, die am Flughafen und in den Stadtzentren der Großstädte vertreten sind, und buchen Sie frühzeitig.
- **Fahrerlaubnis:** Ein nationaler Führerschein ist ausreichend.
- **Junge Fahrer:** Keine Anmietung unter 21 Jahren, unter 25 Jahren wird von den meisten Firmen ein Zuschlag auf den Tagestarif erhoben.
- **Bankkarten:** Eine Kreditkarte (nicht Debitkarte), die auf den Namen des Hauptfahrers ausgestellt ist, wird dringend empfohlen. Informieren Sie sich hierzu bei Ihrer Bank.
- **Versicherungen:** Eine Basisversicherung ist häufig inbegriffen, aber wir empfehlen dringend eine Vollkaskoversicherung, idealerweise ohne Selbstbeteiligung, die für alle Schäden am Fahrzeug aufkommt.
- **Achtung:** Überprüfen Sie etwaige Vorschäden am Fahrzeug sowie die Kraftstoffrichtlinien und den Tankinhalt und erkundigen Sie sich, ob es eine Kilometerbegrenzung gibt und ob ein Navigationsgerät im Wagen integriert ist oder extra berechnet wird.

STRASSENNETZ

- **Alle Straßen sind kostenfrei**
- Die großen Hauptstraßen, auf den Schildern als **»A«** ausgewiesen, sind stets in gutem Zustand.
- Die Nebenstraßen, auf Schildern mit **»B«** gekennzeichnet, können sich manchmal als schwierig erweisen.
- Die ***motorways,*** auf Schildern mit **»M«** versehen, ähneln deutschen Autobahnen mit mindestens zwei Spuren in jeder Fahrtrichtung, einem Mittelstreifen und Leitplanken. Man erkennt sie auch an blauen Schildern.
- ***Dual carriageways:*** Ähnlich den *motorways*, aber ohne Trennstreifen. Sie verfügen über grüne Schilder.
- **Straßenschilder:** Entfernungsangaben in Meilen (1 Meile = 1,6 km)

LINKSVERKEHR

Denken Sie immer daran, bevor Sie losfahren, oder bringen Sie einen Merkzettel an.

PARKEN

- In der Stadt: tagsüber gebührenpflichtig und teuer. Achten Sie auf die Zeiten auf den Schildern.
- Edinburgh und Glasgow bieten »*Park and Ride*«-Lösungen an, um in Bahnhofsnähe zu parken.
- Doppelte gelbe Linie = Parken verboten

TANKEN

- Das Tankstellennetz ist gut, die Benzinpreise sind tendenziell etwas niedriger als in Deutschland.
- An kleinen Tankstellen ist es nicht möglich, an der Zapfsäule zu bezahlen, daher sollten Sie diese zu den Geschäftszeiten aufsuchen.

ALKOHOL

- In Schottland gilt eine Promillegrenze von 0,5.
- Es gibt eine Kultur der »Null-Toleranz«. Abends einen Drink zu nehmen, bevor man sich auf den Weg macht, ist sehr verpönt, auch wenn man die Promillegrenze noch nicht überschritten hat.

VERKEHRSREGELN

- **Ortschaft:** Tempolimit 30 mph *(miles per hour)*, ca. 48 km/h
- **Landstraßen (B):** Tempolimit 60 mph (97 km/h)
- **Autobahnen (A und M):** Tempolimit 70 mph (113 km/h)
- **Häufige Radarkontrollen**
- **Ampeln** schalten auf Orange, bevor sie grün werden.
- Im **Kreisverkehr** haben Fahrzeuge, die von rechts kommen, Vorfahrt. Denken Sie daran, nach links einzufahren.

WARNHINWEISE

- In den Highlands bezeichnet ***single track road*** eine Straße, die gerade breit genug für ein Fahrzeug ist.
- Nutzen Sie die *passing places*, am Straßenrand gelegene Ausweichstellen, die es ermöglichen, ein anderes Fahrzeug passieren zu lassen.
- Es ist üblich, dann den Fahrer auf der anderen Straßenseite zu grüßen.
- Reduzieren Sie Ihre Geschwindigkeit und fahren Sie nicht zu dicht auf das Fahrzeug vor Ihnen auf.

ÖFFENTLICHE VERKEHRSMITTEL

BAHN

• Das gesamte Schienennetz wird von **ScotRail** betrieben (www.scotrail.co.uk für Informationen, Fahrpläne und Tarife).
• Das Ticket **Anytime Day Single** berechtigt Sie, an einem bestimmten Tag jeden Zug zu einem gewählten Zielort und wieder zurück zu nehmen.
• Ein Hin- und Rücktagesticket kostet in der Regel genauso viel wie eine einfache Fahrt.
• Bewahren Sie Ihr Ticket bis zum Verlassen des Zuges auf, da es nochmals gescannt wird.
• Von Edinburgh oder Glasgow aus erreicht man alle wichtigen Städte des Landes mit dem Zug.

• **Edinburgh–Glasgow:** 2–4 Züge pro Stunde, 55 Min. Fahrzeit
• **Edinburgh–Inverness:** 1 Zug alle 2 Stunden, 3.30 Std. Fahrzeit
• **Glasgow–Inverness:** 1 Zug alle 2 Stunden, 3.15 Std. Fahrzeit
• **Edinburgh–Aberdeen:** 1 Zug pro Stunde, 2.30 Std. Fahrzeit
• **Edinburgh–Oban:** 3 Züge pro Tag, 4 Std. Fahrzeit mit Umsteigen in Glasgow

SPARTIPPS

Mit ein paar Tricks lassen sich die Kosten für Fahrkarten reduzieren:
• Wenn Sie Ihre Reisedaten sicher wissen, buchen Sie im Voraus ein **Advance-Ticket**, das zwar nicht erstattet wird, aber sehr günstig ist.
• Reisen außerhalb der Stoßzeiten sind billiger. Diese Option nennt sich **Off-Peak Single**.
• Busfahrkarten sind in der Regel günstiger als Zugtickets, aber die Fahrten dauern länger.
• Kinder unter 5 Jahren benötigen kein Ticket.

SPEZIALANGEBOTE VON SCOTRAIL

Central Scotland Rover (3 Tage im Zentrum, 55 £), **Highland Rover** (8 Tage Highlands, 95 £), **Scottish Grand Tour** (8 Tage Rundreise durchs Land, 89 £), **Spirit of Scotland Pass**: alle Intercity-Züge und -Busse sowie einige Fähren (ab 149 £)

BUS

- Mehrere Unternehmen bedienen die Verbindungen zwischen den großen Städten: **Citylink** (www.citylink.co.uk), **National Express** (www.nationalexpress.com), **Megabus** (uk.megabus.com).
- Weitere Gesellschaften haben eher lokale Verbindungen rund um die großen Städte im Angebot: **First** (www.firstgroup.com), **Stagecoach** (www.stagecoachbus.com).
- **Bus Citylink Edinburgh–Glasgow:** 1 Std. Fahrzeit, häufig Verspätungen
- **Bus Citylink Edinburgh–Inverness:** 4 Std. Fahrzeit
- **Bus Citylink Glasgow–Portree (Skye):** 6 Std. Fahrzeit

FÄHRE

- Im Westen des Landes werden die Überfahrten zu den Inseln von **Caledonian MacBrayne** (CalMac) betrieben. www.calmac.co.uk
- Buchen Sie Ihre Tickets möglichst im Voraus, vor allem in den Sommermonaten für die Insel Skye.
- Seien Sie frühzeitig am Bootsanleger, besonders wenn Sie ein Fahrzeug mit sich führen.
- Melden Sie sich für eine SMS-Benachrichtigung an oder besuchen Sie den Twitter-Account der Gesellschaft CalMac (@CalMac_Updates), um über Verspätungen und Ausfälle auf dem Laufenden zu bleiben.

GUT ZU WISSEN

Mit dem Zug- und Busnetz lassen sich alle wichtigen Städte des Landes, die in unseren Touren und Reisetipps behandelt werden, erreichen. Der öffentliche Nahverkehr bietet sich insbesondere für den Aufenthalt in der Umgebung von Edinburgh an (S. 146).

SPEZIALANGEBOTE FÜR BUSSE UND FÄHREN

- **Bus:** Der Explorer Pass von Citylink (www.citylink.co.uk, ab 49 £) berechtigt zur Nutzung aller Busse in einem bestimmten Zeitraum (3, 7, 14 Tage).
- **Fähre:** Die CalMac Island Hopping Tickets umfassen mehrere Fähren eines bestimmten Gebiets.

GELD

BARGELDLOS ZAHLEN

- In Schottland kann man überall mit Kreditkarte bezahlen, auch kleinere Beträge. Achten Sie auf anfallende Gebühren. Eine Bezahlung mit EC-Karte wird bisweilen abgelehnt.
- Informieren Sie Ihre Bank über Ihre Reise und veranlassen Sie gegebenenfalls die Erhöhung Ihrer Limits für das Ausland.
- **Tipp:** Notieren Sie sich die Ziffern Ihrer Bankkarte, um bei Verlust oder Diebstahl schnell eine Sperrung veranlassen zu können: ✆ +33 442 605 303.

WECHSELKURS

1 € = 0,84 £
5 € = 4,22 £
1 £ = 1,19 €
2 £ = 2,37 €
5 £ = 5,93 €
10 £ = 11,86 €
20 £ = 23,71 €

- In der Regel ist es am günstigsten und unkompliziertesten, vor Ort am Automaten mit der Bank- oder Kreditkarte Geld abzuheben. Devisen können aber auch am Flughafen, in Wechselstuben, Banken oder Postämtern getauscht werden (achten Sie auf Provisionen und Gebühren).

AUSGABEN

- **Mittagessen:** 7–15 £ für Fish & chips
- **Abendessen:** 25–35 £ im Restaurant
- **Kaffee:** 2–4 £
- **Bier:** 4–5 £
- **Hotel:** ca. 80 £ für eine Nacht in einem 2- oder 3-Sterne-Hotel außerhalb der Ballungsräume
- **Museum:** 4–10 £
- **Schlösser, Abteien, Destillerien:** 6–12 £ (teils sogar bis zu 19 £)

BANKNOTEN

In Schottland werden die Banknoten von verschiedenen Geldinstituten herausgegeben und sehen daher unterschiedlich aus. Mit diesen Banknoten kann allerdings überall im Vereinigten Königreich bezahlt werden.

ERMÄSSIGUNGEN, FREIER EINTRITT

- Alle Nationalmuseen sind kostenlos.
- Am St. Andrew's Day (30. Nov.) erheben einige Sehenswürdigkeiten keinen Eintritt.
- ***Early Bird:*** ein sehr frühes Abendessen (17.30–18.30 Uhr) zum ermäßigten Preis

CITY-CARD

- **National Trust for Scotland:** Die Jahresmitgliedschaft ermöglicht den freien Zugang zu etwa 60 wichtigen Sehenswürdigkeiten (inkl. Parkplätze); ab 53 £/Pers., 85 £/Familie.
- **Historic Scotland Explorer Pass:** Die Karte beinhaltet den Eintritt für 78 Sehenswürdigkeiten des Landes, die von der Historic Scotland Association verwaltet werden (26,50 £/Pers., gültig für 7 Tage).
- Erhältlich auf www.visitbritainshop.com

STEUERN UND TRINKGELD

- Die auf Speisekarten oder in Kaufhäusern und Geschäften ausgewiesenen Preise beinhalten bereits alle Steuern.
- Es üblich, ein Trinkgeld von etwa 10 % zu geben, wenn man mit dem Service im Restaurant zufrieden war. In Cafés wird normalerweise kein Trinkgeld erwartet, da man oft selbst an der Theke bestellt.

IM ALLTAG

ÖFFNUNGSZEITEN

- **Kaufhäuser** schließen um 18 Uhr, in größeren Städten zwischen 20 und 22 Uhr.
- Geschäfte öffnen auch am **Sonntag**.
- **Museen** schließen in der Regel gegen 16.30 bzw. 17 Uhr.
- Die Schotten essen **früh zu Abend**. In den Highlands sollten Sie unbedingt vor 20 Uhr einen Tisch finden, sonst werden Sie nicht mehr bedient.
- In größeren Städten schließen die **Bars** meist um 1 Uhr, einige Lokalitäten bleiben allerdings bis 3 Uhr geöffnet.

TABAK UND ALKOHOL

- In geschlossenen öffentlichen Räumen und auf Bahnhöfen gilt ein Rauchverbot.
- Wenn Sie noch jung sind, wird man Sie an der Bar vielleicht nach Ihrem Ausweis fragen.

STROM

- Die Netzspannung beträgt wie in der Heimat 230 Volt bei einer Frequenz von 50 Hertz.
- In Schottland werden Steckdosen mit drei Spitzen vom Typ G verwendet. Sie sollten also einen Adapter mit sich führen.

TOURIST-INFOS

- In vielen Gemeinden gibt es ein Büro von **VisitScotland iCentre** das Kartenmaterial und vielfältige Informationen im Angebot hat.
- Das Firmenschild der Büros ist violett.

SCHOTTLANDS SPRACHEN

Es gibt drei Amtssprachen: Englisch, Gälisch und Lowland Scots. Englisch wird von jedermann auf der Straße verstanden, aber auf Straßenschildern kann man manchmal auch Gälisch lesen, vor allem im Norden des Landes.

FESTE UND FEIERTAGE

1. und 2. Januar	Hogmanay (Neujahr)
März/April	Karfreitag
Erster Montag im Mai	Maifeiertag
Letzter Montag im Mai	Spring Bank Holiday
Erster Montag im August	Summer Bank Holiday
30. November	St Andrew's Day (Schutzpatron Schottlands)
25. Dezember	Christmas Day (1. Weihnachtstag)
26. Dezember	Boxing Day (2. Weihnachtstag)

Nur der 1. Januar und der 25. Dezember sind arbeitsfreie Tage für alle. Die übrigen Feiertage betreffen nur Schulen, Banken und einige Museen.

HALLOWEEN

In Schottland wird dieses Fest »Samhuinn« genannt. In Edinburgh findet ein Festzug mit Bühnenshow und viel Feuer auf dem Calton Hill statt.

HOGMANAY

Das Neujahrsfest ist in Schottland ein wichtiger Tag. In Edinburgh steigt ein großes Fest, und im übrigen Land werden lokale Feierlichkeiten abgehalten.

TELEFON UND INTERNET

In Schottland bestehen Festnetz- und Handynummern aus elf Ziffern. Handynummern beginnen mit 07.

00 44 1315 03 10 01

- 00: Für Anrufe von Deutschland aus ins Ausland
- 44: internationale Vorwahl des Vereinigten Königreichs
- 1315 03 10 01: Nummer des Teilnehmers ohne die 0

00 49 143 92 19 76

- 00: Für Anrufe von Schottland nach Deutschland
- 49: internationale Vorwahl von Deutschland
- 143 92 19 76: Nummer des Teilnehmers ohne die 0

0 1315 03 10 01

- 0: Die Null vor der Ortsvorwahl
- 1315 03 10 01: Nummer des Teilnehmers

ROAMING

Zwar werden seit 2017 keine Roaminggebühren mehr von Ihrem Telefonanbieter bei Reisen in EU-Länder berechnet, doch ist das Vereinigte Königreich mit dem Brexit de facto aus der Roamingregelung der EU herausgefallen. Bei Redaktionsschluss erhoben die Anbieter beider Seiten jedoch noch keine zusätzlichen Gebühren für die Nutzung mobiler Daten im jeweiligen Ausland. Erkundigen Sie sich vor Ihrer Reise bei Ihrem Mobilfunkanbieter.

GESUNDHEIT UND SICHERHEIT

Die von heimischen Krankenkassen ausgestellte **Europäische Krankenversicherungskarte** (EHIC) kann bei einem vorübergehenden Aufenthalt im Vereinigten Königreich auch nach dem Brexit weiterhin im bisherigen Format eingesetzt werden, um vor Ort eine Kostenübernahme fur medizinische Leistungen in Anspruch zu nehmen.

NOTFALL

999 oder
112 (alle Notfälle)
101 (Polizei außerhalb von Notfällen)
111 (um einen Arzt zu sprechen)

NÜTZLICHE TIPPS

- **Vorsicht bei Wanderungen:** Einige Routen sind sehr anspruchsvoll, auch wenn sie nicht in größere Höhenlagen führen. Informieren Sie sich vor Ihrer Abreise gewissenhaft über Ihre Tour, tragen Sie geeignete Kleidung und nehmen Sie Wanderkarten im Papierformat mit bzw. laden Sie Offline-Karten auf Ihr Handy herunter. Verlassen Sie sich nicht auf den Telefonempfang!
- **Mücken *(midges)*:** Diese winzigen Blutsauger beißen und treten in der warmen Jahreszeit (Mai–Sept.) in der Dämmerung oft in großen Schwärmen auf, vor allem in den Highlands und auf den Inseln. Rüsten Sie sich entsprechend aus.
- **Zecken *(ticks)*:** Seien Sie besonders in Waldgebieten vorsichtig. Führen Sie eine Zeckenzange mit sich und desinfizieren Sie alle Bisse.

DIE SCHÖNSTEN AUSSICHTSPUNKTE

Conic Hill

Von Balmaha ausgehend gewährt diese kurze, einfache Wanderung von der Spitze des Hügels einen herrlichen Blick auf Loch Lomond und seine Inseln.

Queen’s View

Dieser Aussichtspunkt am Loch Tummel bietet einen wunderbaren Blick auf die Landschaft von Perthshire: tiefe Gewässer, zauberhafte Wälder und vieles mehr.

Glenfinnan Monument

Machen Sie eine Pause am Glenfinnan Visitor Centre und erklimmen Sie den Hügel, um das berühmte Viadukt sowie das Glenfinnan Monument zu bewundern.

The Old Man of Storr

Der Aufstieg lohnt sich, um das Panorama im Westen von Skye zu genießen. Am besten Sie machen ihn sehr früh oder am Abend, um den Massen zu entgehen.

National Wallace Monument

Von der Spitze dieses Turms, der dem schottischen Helden William Wallace gewidmet ist, genießt man eine herrliche Aussicht auf die Ebene von Stirling.

Dunnet Head

An klaren Tagen kann man von diesem Punkt, dem nördlichsten des schottischen Festlands, umschwirrt von Vögeln von Cape Wrath bis zu den Orkneys sehen.

ANTISCHER
OZEAN
Dunnet Head
S. 186
The Old Man of Storr
S. 118
Portree
Skye
Inverness
Loch Ness
Aberdeen
SCHOTTLAND
Glenfinnan Monument
S. 113
Fort William
Queen's View
S. 138
Pitlochry
Dundee
Perth
NORDSEE
Mull
Oban
Loch Lomond
Tarbet
National Wallace Monument
S. 169
Stirling
Conic Hill
S. 87
Glasgow
Edinburgh
IRISCHE SEE
ORDIRLAND
ENGLAND
40
80 km

ZAUBERHAFTE SEEN

SCHOTTLANDS LOCHS

Mit über **30 000 Seen** verfügt Schottland über 90 % der Süßwasserreserven des Königreichs. Das Wort Loch, das aus dem Gälischen stammt, bezeichnet **Seen** und **Fjorde**. Diese Lochs haben eine längliche Form, da sie in Tälern liegen, die von Gletschern ausgewaschen wurden.

LOCH MAREE, DER SCHÖNSTE

Loch Maree im Nordwesten von Schottland ist mit seinem tiefblauen Wasser und den ihn umgebenden **Bergen** einer der idyllischsten Seen des Landes (S. 190). Zu ihm gehören etwa **60 Inseln**, auf denen die endemische Kaledonische Kiefer zu finden ist.

LOCH NESS, DER GEHEIMNISVOLLE

Das weltberühmte Loch Ness ist der Legende nach die Heimat von **Nessie**, einem sagenhaften Seeungeheuer. Ein beliebter Aussichtspunkt, um es aufzuspüren, ist **Urquhart Castle** (S. 128). Wer will, kann auf dem 40 km langen See auch eine Bootsfahrt unternehmen.

LOCH LOMOND, DER GRÖSSTE

Mit einer Fläche von 71 km^2 der größte See Großbritanniens. Er liegt in der Nähe von Glasgow und eignet sich bestens als Ziel für kleine Abenteuer (S. 84). Man kann eine schöne **Bootsfahrt** machen oder zum Gipfel des **Conic Hill** wandern und die herrliche Aussicht genießen.

LOCH KATRINE, DER GESELLIGE

Hier befindet man sich im Land von Rob Roy, der Inspirationsquelle des Schriftstellers **Sir Walter Scott**. Eine Fahrt mit dem gleichnamigen **Dampfschiff** ist ein sehr romantisches Erlebnis (S. 87). Der Loch Katrine dient auch als Trinkwasserquelle für die Stadt Glasgow.

NATURWUNDER

Massif du Quiraing

Auf der Insel Skye bildet dieses Massiv vulkanischen Ursprungs eine atemberaubende Landschaft (S. 118). Begeben Sie sich auf eine unvergessliche Wanderung!

Tal von Glen Coe

Auf dem Weg durch dieses majestätische Tal sollten Sie unterwegs öfter anhalten, um die Three Sisters, ein beeindruckendes Felsmassiv, zu fotografieren (S. 109).

Isle of May

Diese kleine unbewohnte Insel, die Edinburgh vorgelagert ist, bildet ein Naturschutzgebiet, in dem Tausende von Seevögeln und Robben leben (S. 156).

Smoo Cave

In Durness, ganz im Norden Schottlands, (S. 187), wurde diese Höhle mit ihrem hohen Gewölbe sowohl vom Ozean als auch von einem Fluss geformt.

Ben Nevis

Der höchste Berg Großbritanniens (1345 m) ist nicht leicht zu besteigen, aber auch von unten zu bestaunen (S. 108) – besonders gut vom Spean Bridge Memorial aus.

Neist Point

Bewundern Sie das imposante Schauspiel der Wellen, die unterhalb des Leuchtturms am westlichen Ende von Skye gegen die Klippen branden (S. 119).

OUTDOOR-AKTIVITÄTEN

Wandern

Ob flach oder hoch hinauf, Wandern ist in Schottland immer möglich (S. 109). Rüsten Sie sich gut aus und wählen Sie Ihre Route auf www.walkhighlands.co.uk.

Angeln

Diesem sehr beliebten Hobby wird an Flüssen oder Lochs nachgegangen (S. 156). Auch wenn einige Reviere eher kostspielig sind, gibt es auch günstigere Angebote.

Golf

Eine lange Tradition in Schottland und seit dem 15. Jh. praktiziert. Es gibt über 550 Golfplätze im Land (S. 157). Und es ist gar nicht so teuer, wie man meinen könnte.

Wassersport

Für Wasserratten bieten sich Segeltörns oder Kajaktrips auf dem Loch Lomond (S. 87), Kanufahrten auf dem Caledonian Canal oder Rafting auf dem Fluss Tay an.

Radfahren

In Schottland gibt es zahlreiche Routen, auf denen Sie das Land erkunden können (S. 96). Seien Sie vorsichtig, denn eigene Radwege sind nach wie vor selten.

Skifahren

Fünf Skigebiete öffnen bei den ersten Schneeflocken, sie sind aber recht klein (S. 109). Liegt kein Schnee, kann man hier wandern, mountainbiken usw.

SCHOTTISCHE SPEZIALITÄTEN

Haggis
Traditionelles Gericht aus gefülltem Schafsbauch

Scottish breakfast
Eier, Bohnen, Haggis, Blutwurst … ein Erlebnis!

Lachs
Aus Zucht oder Wildfang – immer eine Delikatesse

Aberdeen Angus
Ein hornloses Rind, gefüttert mit Hochlandgras

Scotch egg
Gekochtes Ei, mit Wurstbrät paniert und frittiert

Fish & Chips
Frittiertes Fischfilet mit Pommes frites

Schottischer Gin
Modedrink mit pflanzlichem Aroma

Schottisches Bier
Hunderte Sorten, gebraut nach alter Tradition

Shortbread
Süßes Mürbeteiggebäck, perfekt für zwischendurch

SCOTCH WHISKY

DIE HERSTELLUNG

Scotch Whisky ist das Resultat eines einfachen Rezepts: **Gerste**, **Hefe**, **Wasser** und Geduld. Die gemälzte Gerste wird mit Hefe versetzt, dann erfolgt die Fermentierung, und die Maische wird destilliert. Das Ganze muss dann mindestens **drei Jahre** in Fässern reifen.

EINIGE ZAHLEN

Mit mehr als 120 Destillerien, rund 10 000 Beschäftigten und 30 000 indirekten Arbeitsplätzen spielt die **Whiskybranche** eine wichtige wirtschaftliche Rolle in Schottland und sorgt für Einnahmen in Höhe von Milliarden Pfund. Der Haupterlös stammt aus dem Export.

MALT WHISKY TRAIL

Der Malt Whisky Trail (S. 134) verbindet in der Region **Speyside**, wo es die größte Dichte an Destillerien in Schottland gibt, neun Orte miteinander, an denen der Whisky im Mittelpunkt steht (Destillerien, Fassmacher). Weitere Informationen zur Route: **www.maltwhiskytrail.com**

BLENDED ODER SINGLE MALT?

Man unterscheidet Single Malt Whisky und Blended Malt Whisky. Ein **Single Malt** wird speziell aus gemälzter Gerste hergestellt und stammt aus einer einzigen Brennerei. Wenn er aus einem einzigen Fass kommt, ist er ein **Single Cask** (und teurer!). **Blended Malt** wird aus einer Mischung von Single Malts hergestellt. Und wenn Sie sich fragen, ob der eine besser ist als der andere: Verlassen Sie sich einfach auf Ihren Geschmack!

EMPFEHLUNGEN

- **The Scotch Whisky Experience** (S. 48): Das Whisky-Museum im Herzen von Edinburgh beherbergt die größte Flaschensammlung der Welt.
- **Edradour Distillery,** Pitlochry (S. 138): Diese winzige Destillerie ermöglicht es, alle Schritte der Herstellung aus nächster Nähe zu sehen.
- **Talisker Distillery,** Skye (S. 119): Entdecken Sie die Brennerei, in der dieser fein getorfte Whisky hergestellt wird, der in ganz Europa beliebt ist.

EIN WENIG GESCHICHTE

Vorgeschichte
Cairns und Menhire

Schottland ist seit ca. 10 000 v. Chr. bewohnt und verfügt über spannende archäologische Stätten, die sich größtenteils auf den Inseln des Nordens befinden.

1.–7. Jh.
Pikten und Gälen

Im 1. Jh. n. Chr. versuchen die Römer mehrmals erfolglos, ihr Imperium nach Schottland auszudehnen. Dabei geraten sie mit den Pikten aneinander, keltischen Stämmen, die einen großen Teil des Landes beherrschen. Die Pikten vermischen sich später mit Gälen, die aus dem Westen kamen, und werden von Mönchen aus Irland zum Christentum bekehrt.

8.–12. Jh.
Wikinger und Angelsachsen

Im 8. Jh. dringen Wikinger in Schottlands Norden ein und lassen sich dauerhaft dort nieder. Im Süden ist der Einfluss der Angelsachsen ab dem 11. Jh. spürbar.

13.–15. Jh.
Unabhängigkeitskriege

Im 13. Jh. ist die Krone Schottlands umstritten. Eduard I. von England fällt ins Land ein und stiehlt den Stein von Scone (S. 48), unterwirft sich aber 1297 William Wallace, einem Adligen, der den Widerstand anführt (er wird später wegen Hochverrats vor Gericht gestellt). Robert Bruce, seit 1306 König, beendet 1328 den Konflikt mit den Engländern.

16. Jh.
Herrschaft der Stuarts

Vom 14. bis zum 16. Jh. regiert die Dynastie der Stuarts Schottland. Die Verbindungen zu Frankreich werden intensiviert, insbesondere als Maria Stuart, die Gattin von Franz II., den Thron besteigt. Die Reformation von 1560 bringt die katholischen Stuarts in Bedrängnis, aber die Familie bleibt bis zum Sturz von Jakob VII. im Jahr 1688 an der Macht.

17.–18. Jh.
Jakobitenaufstände

Die Jakobiten kämpfen für die Rückkehr der katholischen Stuarts auf den Thron. Zwischen 1690 und 1746 scheitern fünf Aufstände gegen die britische Krone.

19. Jh.
Niedergang der Clans

Nach dem letzten Jakobitenaufstand und der Niederlage von Culloden (1746) geht es mit den Clans bergab, ihr Land wird beschlagnahmt, die Highlands entvölkern sich.

20.–21. Jh.
Weltkriege und Autonomiebestrebungen

Die beiden Weltkriege hatten große Auswirkungen auf die schottische Gesellschaft: Bombenangriffe auf Glasgow, Seeschlachten usw. Als Folge entstand eine Unabhängigkeitsbewegung, die bis heute aktiv ist. Das Land verfügt über ein Parlament. Nach einem verlorenen Referendum zur Unabhängigkeit 2014 wird diese Frage mit dem Brexit erneut aufgeworfen.

DISTEL, KILT UND DUDELSACK

DIE DISTEL, SYMBOL EINER NATION

Die Distel hat in Schottland eine lange Tradition. Der Ursprung dieses Symbols findet sich in der Legende, dass Wikinger, die nachts einen Clanführer überfallen wollten und dabei barfuß gingen, auf **Disteln** traten und so die Soldaten weckten. Die stachelige Pflanze wurde durch weitere Sinnbilder ergänzt: das **Einhorn**, das Wappentier Schottlands, und die **Saltire** genannte Flagge mit dem Andreaskreuz, des Schutzpatrons Schottlands, und blauem Hintergrund.

DIE HIGHLAND GAMES

Die Ursprünge dieser **Wettkämpfe** reichen ins 12. Jh. zurück. Sie gewannen aber erst ab dem 14. Jh. Bedeutung, als sie den Clanführern die Möglichkeit boten, ihre Männer zu versammeln. Heute sind sie bunte Festlichkeiten, Olympische Spiele auf schottische Art, bei denen man sich im Baumstammwerfen oder Ringen zu den Klängen von Dudelsäcken messen kann. Diese Treffen finden von **Mai** bis **September** im Norden Schottlands statt.

DIE GÄLISCHE SPRACHE

Diese alte keltische Sprache wird heute von etwa **60 000 Menschen** aller Altersgruppen gesprochen und hat in Schottland den Status einer **Amtssprache**. Man hört sie vor allem im Westen des Landes (Isle of Skye, NC500), wo auch viele Straßenschilder zweisprachig sind. Im 10. Jh. war Gälisch die Sprache fast aller Schotten, verlor seither aber immer mehr an Bedeutung. Einige Wörter kennen Sie bereits: *clan*, *plaid*, *whisky*.

SCHOTTISCHE CLANS

Zwischen Kilt und Tartan

Traditionelle Clans umfassten mehrere Familien, die an ein erbliches Oberhaupt gebunden waren. Diese Clans bildeten bis zum 18. Jh. die **Basis der Gesellschaft** in den Highlands, zerfielen jedoch nach der Niederlage von Culloden 1746 (S. 132) allmählich. Die Clanmänner und -frauen stellten den **Tartan**, einen Stoff aus gefärbter Wolle, her. Die Männer trugen ein langes **Plaid**, das um die Taille geschnürt wurde, bevor im 18. Jh. der **Kilt** aufkam. Im 19. Jh. wurden jedem Clan bestimmte Farben und Muster zugewiesen. Heute werden Kilts nur noch zu besonderen Anlässen getragen, und sie sind nicht günstig (ab 400 £).

MUSIK UND TANZ

Ceilidh und Dudelsack

Die traditionelle schottische Musik ist lebhaft und sehr beliebt, wenn man an die vielen **Sommerfestivals** denkt. Oft trifft man dabei auf **Dudelsäcke**, ein symbolträchtiges Holzblasinstrument, das seit dem Mittelalter im Land verbreitet ist, aber auch auf **Geigen**, **Harfen** und vieles mehr.

In Schottland wird zur Musik auch getanzt! Versuchen Sie sich in einem Pub, auf einem Festival oder bei den Highland Games an ***ceilidhs***, den traditionellen Gruppentänzen. Diese sehr rhythmischen und sportlichen Tänze werden von mehreren Personen zu den Klängen einer wilden Geige ausgeführt. Ein herzliches Ambiente ist garantiert.

BURGEN UND SCHLÖSSER

Inveraray Castle, neoklassische Eleganz

Mit seinen graublauen Schiefermauern und den französischen Türmchen hebt sich Inveraray Castle von anderen Schlössern ab. Es ist Sitz des Campbell-Clans.

Cawdor Castle, das Märchenschloss

Das von einer grünen Oase umgebene Cawdor Castle mit seinen außergewöhnlichen Gärten hat eine geheimnisvolle Verbindung zum Dramatiker Shakespeare.

Eilean Donan Castle, äußerst fotogen

Auf einer Seeinsel gelegen, bietet Eilean Donan Castle ein unvergessliches Bild. Der mittelalterliche Charakter wurde im 20. Jh. komplett wiederhergestellt.

Dunnottar Castle, spektakuläre Lage

Diese faszinierende Ruine auf einem Felsen über dem Meer ist ein Juwel an der Ostküste. Bei einem Besuch taucht man tief in die schottische Geschichte ein.

Urquhart Castle, hart umkämpft

Die Burgruine erhebt sich am Ufer des berühmten Loch Ness und war Schauplatz zahlreicher Schlachten. Heute stehen fast nur noch die Grundmauern.

Dunrobin Castle, romantisches Kleinod

Als Sitz der Familie Sutherland lässt uns dieses Schloss im französischen Stil den Alltag der schottischen Eliten nacherleben. Verpassen Sie nicht die Greifvogelschau!

ANTISCHER
ZEAN
Dunrobin Castle
S. 185
S. 133
Cawdor Castle
Eilean Donan Castle
S. 122
Portree
Skye
Inverness
Loch Ness
Urquhart Castle
S. 128
Aberdeen
SCHOTTLAND
Dunnottar Castle
S. 143
Fort William
Pitlochry
Dundee
NORDSEE
Mull
Oban
Perth
Inveraray Castle
S. 90
Tarbet
Stirling
Loch Lomond
Edinburgh
Glasgow
IRISCHE SEE
ORDIRLAND
ENGLAND
40
80 km

MYTHEN UND LEGENDEN

MARY KING'S CLOSE

Diese kleine Gasse in Edinburgh, die im 16. und 17. Jh. von der Pest heimgesucht wurde, war im 18. Jh. zugeschüttet worden, um die City Chambers (S. 50) zu errichten. Während des Rundgangs lernen Sie die Geschichte von **Annie**, dem Geist eines kleinen Mädchens, das hier lebte, kennen.

THE KELPIES

Diese **Wassergeister** sind dafür bekannt, dass sie auf dem Grund von Lochs leben und Menschen entführen. Der Künstler Andy Scott hat zwei beeindruckende Edelstahlskulpturen von Kelpies (S. 58) geschaffen, die von der Autobahn M 9 zwischen Edinburgh und Stirling bei Falkirk zu sehen sind.

DAS UNGEHEUER VON LOCH NESS

Das berühmteste Ungeheuer des Landes. Auch wenn erste Erwähnungen bis ins 6. Jh. zurückreichen, die Leidenschaft für diese Bestie, die im Loch Ness ihr Zuhause haben soll, wurde erst im 20. Jh. richtig geweckt (S. 128). Noch heute zieht **Nessie** jedes Jahr eine Million Besucher an.

DIE GEISTER VON GLAMIS CASTLE

In Glamis Castle (S. 142) soll sich der Geist von **Janet Douglas**, die wegen Hexerei zum Tode verurteilt wurde, herumtreiben. Der Geist von **Earl Beardie** hingegen, einem ehemaligen Schlossherrn, soll in einem geheimen Raum gefangen sein und auf ewig mit dem Teufel Karten spielen …

DIE WEISSE LADY

Die Legende besagt, dass die »weiße Lady« von **St Andrews** (S. 157) nach dem Tod ihres Geliebten an gebrochenem Herzen starb und in der Nähe der Kathedrale begraben sein soll. Von zahlreichen Erscheinungen wurde berichtet. In der Dunkelheit soll von ihrem Geist Licht ausgehen …

MALERISCHE DÖRFER

Portree, Skye

Dieses einstige Fischerdorf könnte Ihr Stützpunkt auf der Insel Skye (S. 118) sein. Sein kleiner farbenfroher Hafen ist auf beinahe jeder Postkarte zu sehen.

Cromarty

Das Dorf auf Black Isle mit seinem Leuchtturm, den Fischerhäuschen und georgianischen Straßenzügen markiert den Eingang zum Cromarty Firth (S. 184).

Plockton

Plockton wird als »Perle der Highlands« bezeichnet und erstreckt sich an einer Bucht des Loch Carron (S. 123). Ein Ort, um sich zu erholen und die Robben zu beobachten.

Tobermory, Mull

Die knallbunten Häuser in seinem Hafen machen den Hauptort der Insel Mull unvergesslich (S. 100). Die perfekte Stelle, um Fish & Chips mit den Möwen zu teilen!

Crail

Dieses ehemalige königliche Dorf verdankt seinen Ruhm dem Fischfang. Heute gibt es hier eine Reihe von Kunstgalerien und eine schöne Töpferwerkstatt (S. 156).

Culross

Lassen Sie sich begeistern vom herrlichen Culross Palace mit seinem Garten, den bunten Häusern und der verfallenen Zisterzienserabtei, die das Dorf überragt (S. 161).

FILMKULISSEN

Glen Coe und Glen Etive, *Skyfall*, James Bond (S. 109)

Glenfinnan Viaduc
Harry Potter, Brücke des *Hogwarts-Express* (S. 113)

Rosslyn Chapel
Der Da Vinci Code, Schlussszene (S. 172)

Glen Nevis
Braveheart, Heimat von William Wallace (S. 108)

Eilean Donan Castle
Highlander, Schloss von Connor MacLeod (S. 122)

Edinburgh
Angels' Share, Robbie und die Princes Street (S. 50)

EDIN-BURGH · GLASGOW · LOCH LOMOND · OBAN · FORT WILLIAM · SKYE · INVER-NESS · PITLOCHRY · EDIN-BURG

SCHOTTLANDS HIGHLIGHTS

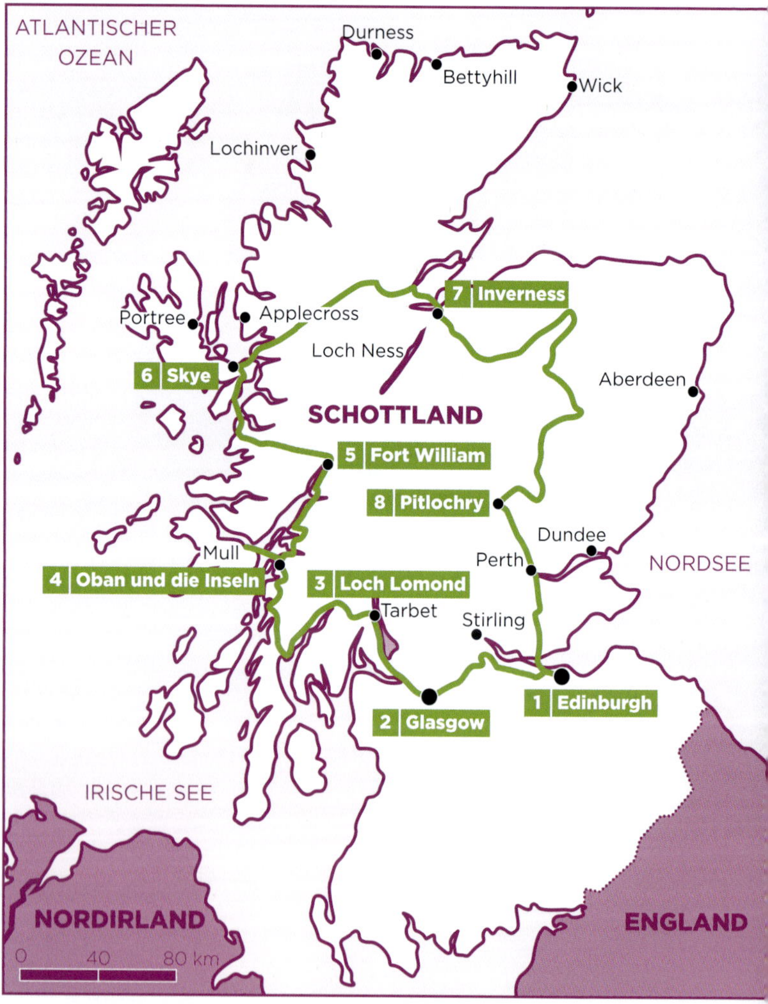

TOUR 1

Die klassische Route, um Schlösser, Lochs und Highlands zu erkunden

ca. 2 Wochen Reisezeit, einschließlich Transfers

1 Edinburgh

Die kosmopolitische Hauptstadt
2–3 Tage

2 Glasgow

Die Rebellin
1–2 Tage

3 Loch Lomond

Schottlands größter See
1–2 Tage

4 Oban und die Inseln

Das Tor zu den Inseln Mull und Iona
2 Tage

5 Fort William

Ein Paradies für Wanderer
2 Tage

6 Skye

Atemberaubende Landschaften
2 Tage

7 Inverness und Loch Ness

Hauptstadt der Highlands und das Monster
1 Tag

8 Pitlochry

Viel Wald und kleine Schätze
1 Tag

ETAPPE 1 EDINBURGH

VOM FLUGHAFEN INS ZENTRUM

Bus: Airlink 100, vor der Ankunftshalle, Abfahrt tgl. alle 10 Min., 30 Min. Fahrzeit
Tram: Verbindet den Flughafen mit dem Stadtzentrum, Abfahrt alle 7–12 Min., tgl. 5–23 Uhr, 30 Min. Fahrzeit
Taxi: Warteschlange vor dem Flughafen, 30 Min. Fahrzeit, 25–35 £ pro Strecke, je nach Tageszeit

INFOS & ADRESSEN

VisitScotland iCentre: Tourist-Info, 249 High Street (auf der Royal Mile, nahe der St Giles' Cathedral), Okt.–Mai Mo–Sa 9–17, So 10–17, Juni, Sept. Mo–Sa 9–18, So 10–18, Juli, Aug. Mo–Sa 9–19, So 10–19 Uhr, **www.visitscotland.com**

UNTERWEGS IN EDINBURGH

Zu Fuß: Die bequemste Lösung, wenn Sie im Stadtzentrum wohnen und gern spazieren gehen. Vom Edinburgh Castle bis zum Holyroodhouse Palace ist man ungefähr 30 Minuten unterwegs.
Bus: Es existiert ein gutes Netz, aber das System ist etwas veraltet, da es z. B. keinen Besucherpass gibt. Sie müssen Bargeld bereithalten, um Ihre Fahrkarte zu lösen, oder Sie nutzen eine Bankkarte (achten Sie auf mögliche Gebühren).
Auto: Meiden Sie das Stadtzentrum, die Parkplätze sind dort sehr knapp.

RESERVIERUNG

Übernachten: Eine frühzeitige Buchung sei empfohlen. Bei Sportwettkämpfen und Festivals (Fringe, Hogmanay etc.) steigen die Hotelpreise massiv an.
Aktivitäten: Um Zeit zu sparen, buchen Sie Ihr Ticket für das Edinburgh Castle und den Holyroodhouse Palace im Voraus.
Für den Besuch der Stadtteile außerhalb des Zentrums und die Umgebung von Edinburgh siehe S. 146.

TOUR 1

Ein Spaziergang durch Schottlands Hauptstadt – zwischen Old Town (Altstadt), dominiert vom Edinburgh Castle, und der eleganten New Town aus dem 18. Jh.

SEHENSWERTES

- A Edinburgh Castle
- B Royal Mile und Grassmarket
- C Scotch Whisky Experience
- D St Giles' Cathedral
- E The Real Mary King's Close
- F Greyfriars Kirkyard
- G National Museum of Scotland
- H Scottish National Gallery
- I Princes Street and Gardens
- J Scott Monument
- K Scottish National Portrait Gallery
- L Palace of Holyroodhouse
- M Holyrood Park
- N Calton Hill

MITTAGSPAUSE

- 1 Pep & Fodder
- 2 The Edinburgh Larder
- 3 Oink
- 4 Clarinda's Tearoom
- 5 Cafe Portrait
- 6 The Lookout

RESTAURANTS

- 7 Mums Great Comfort Food
- 8 Maison Bleue
- 9 Mussel Inn
- 10 Amber Restaurant
- 11 The Queens Arms

BARS UND PUBS

- 12 The Devil's Advocate
- 13 The Jolly Judge
- 14 Lilith's Lounge at House of Gods
- 15 Whistle Binkies
- 16 The Royal Oak

EINKAUFEN

- 17 Museum Context
- 18 Armstrongs Vintage
- 19 Cadenhead's Whisky Shop
- 20 Swish
- 21 Ragamuffin
- 22 The Fudge House

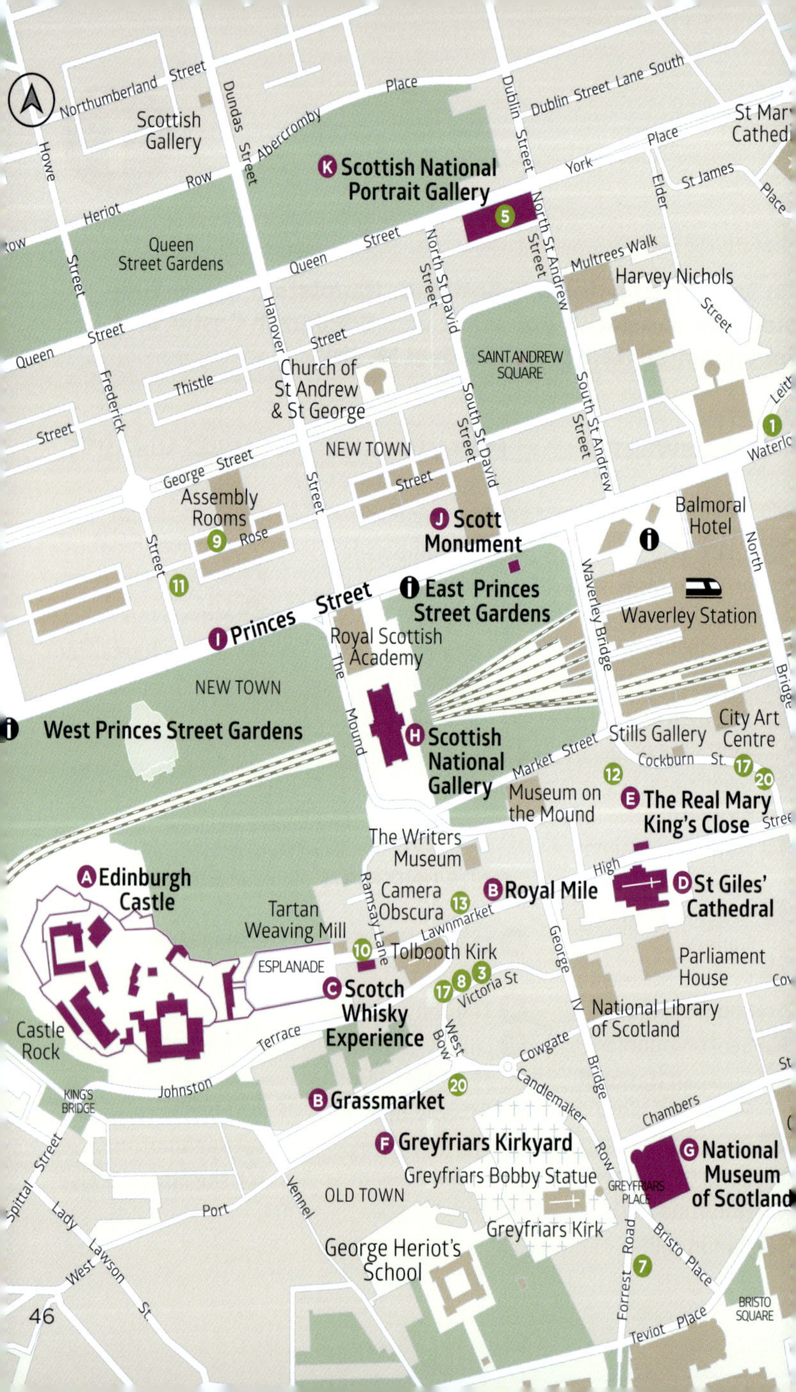

K Scottish National Portrait Gallery
J Scott Monument
I Princes Street
East Princes Street Gardens
West Princes Street Gardens
H Scottish National Gallery
E The Real Mary King's Close
D St Giles' Cathedral
B Royal Mile
A Edinburgh Castle
C Scotch Whisky Experience
B Grassmarket
F Greyfriars Kirkyard
G National Museum of Scotland
Scottish Gallery
Queen Street Gardens
Church of St Andrew & St George
NEW TOWN
SAINT ANDREW SQUARE
Harvey Nichols
Assembly Rooms
Balmoral Hotel
Waverley Station
Royal Scottish Academy
City Art Centre
Stills Gallery
Museum on the Mound
The Writers Museum
Camera Obscura
Tartan Weaving Mill
Tolbooth Kirk
ESPLANADE
Parliament House
National Library of Scotland
Castle Rock
KING'S BRIDGE
Greyfriars Bobby Statue
OLD TOWN
Greyfriars Kirk
George Heriot's School
GREYFRIARS PLACE
BRISTO SQUARE
Northumberland Street
Dundas Street
Abercromby Place
Dublin Street
Dublin Street Lane South
York Place
Elder Street
St James Place
Heriot Row
Howe Street
Queen Street
North St David Street
North St Andrew Street
Multrees Walk
Hanover Street
Thistle Street
Frederick Street
South St David Street
South St Andrew Street
George Street
Rose Street
Waverley Bridge
North Bridge
The Mound
Market Street
Cockburn St.
High Street
Ramsay Lane
Lawnmarket
George IV Bridge
Victoria St
West Bow
Cowgate
Candlemaker Row
Johnston Terrace
Chambers Street
Spittal Street
Lady Lawson St.
West Port
Vennel
Forrest Road
Bristo Place
Teviot Place

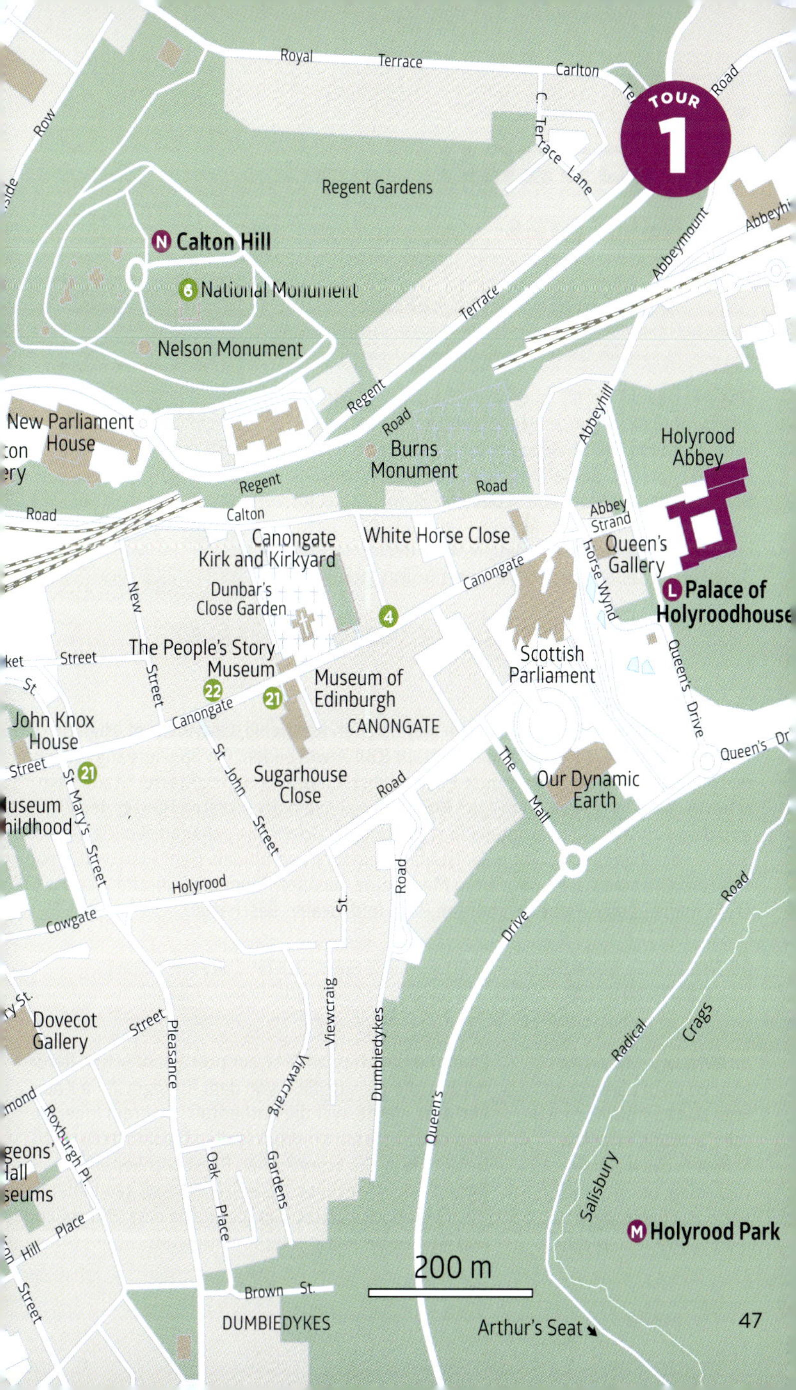
TOUR 1
Royal Terrace
Carlton Terrace
C. Terrace Lane
Regent Gardens
Calton Hill
National Monument
Nelson Monument
Regent Terrace
Regent Road
Abbeymount
New Parliament House
Burns Monument
Regent Road
Calton Road
Abbeyhill
Holyrood Abbey
Abbey Strand
Canongate Kirk and Kirkyard
White Horse Close
Queen's Gallery
Palace of Holyroodhouse
Canongate
Horse Wynd
Dunbar's Close Garden
New Street
The People's Story Museum
Museum of Edinburgh
Scottish Parliament
CANONGATE
Queen's Drive
John Knox House
Canongate
St John Street
The Mall
Sugarhouse Close
Our Dynamic Earth
Holyrood Road
St Mary's Street
Cowgate
Viewcraig St.
Dumbiedykes Road
Queen's Drive
Dovecot Gallery
Pleasance
Viewcraig Gardens
Radical Road
Salisbury Crags
Roxburgh Pl.
Oak Place
Holyrood Park
200 m
Brown St.
DUMBIEDYKES
Arthur's Seat

EDINBURGH

SEHENSWERTES

A EDINBURGH CASTLE

Castlehill | Eintritt | Audioguide Aufpreis | kostenlose Führungen möglich, am Kartenschalter erkundigen

Das von David I. im 12. Jh. erbaute Edinburgh Castle ist das Symbol einer ganzen Nation und wurde als königliche Residenz, militärische Festung, Gefängnis und Kaserne genutzt. Zu den Highlights gehören die Krone Schottlands, der Stein von Scone, der kleine Raum, in dem Maria Stuart den künftigen König Jakob VI. gebar, die Große Halle und die Gefängnisse, in denen Napoleons Soldaten einsaßen. Planen Sie zwei bis drei Stunden ein.

B ROYAL MILE UND GRASSMARKET

Die **Royal Mile** ist eine Abfolge von vier Straßen (Castlehill, Lawnmarket, High St. und Canongate), die das Rückgrat der Altstadt (Old Town) bilden. Ein Spaziergang zwischen der Burg und dem Holyroodhouse Palace führt Sie zu den Highlights der Stadt: dem schottischen Parlament, dem John Knox House, einem der ältesten Häuser des Viertels, und dem Schriftstellermuseum. Ein Muss sind die *closes*, die geheimnisvollen Gassen, die die verschiedenen Ebenen der Stadt miteinander verbinden. Geht man weiter südlich zum **Grassmarket**, dem alten Marktplatz, hinunter (über die hübsche Victoria St.), stößt man auf eine Reihe von bunten Pubs und lokalen Geschäften.

C SCOTCH WHISKY EXPERIENCE

354 Castlehill | Eintritt

Im **Whisky-Museum** können auch Laien mehr über das kostbare schottische Getränk erfahren. Schärfen Sie Ihren Geruchssinn, um sich mit den verschiedenen Aromen vertraut zu machen.

D ST GILES' CATHEDRAL

High St. | Eintritt frei | Fotogebühr

Einer der wichtigsten Orte der protestantischen Reformation, die im Jahr 1560 von dem Prediger John Knox entfacht wurde, war die Kathedrale. In ihrem Inneren überrascht sie mit eindrucksvollen Glasfenstern und Denkmälern, die schottischen Persönlichkeiten wie Robert Louis Stevenson *(Die Schatzinsel)* gewidmet sind. Die neugotische Distel-Kapelle wurde erst 1911 vollendet und ist eine architektonische Kuriosität.

 Die jeweiligen Öffnungszeiten finden Sie im Register ab S. 194.

TOUR 1

EDINBURGH

SEHENSWERTES

E THE REAL MARY KING'S CLOSE

Eintritt | Audioguide

Das **unterirdische Netz** aus dunklen, seit 250 Jahren verlassenen Gassen ist reich an blutigen Anekdoten, die von den Fremdenführern gern erzählt werden. Ein Ort, an dem es spuken soll!

F GREYFRIARS KIRKYARD

Candlemaker Row | Eintritt frei

Der geheimnisvolle und malerische **Friedhof** wurde im 16. Jh. auf dem Gelände eines einstigen Klosters eröffnet und gilt vielen als Schauplatz ungewöhnlicher, gespenstischer Geschichten.

G NATIONAL MUSEUM OF SCOTLAND

Chambers St. | Eintritt frei

Aus dem Zusammenschluss des Royal Museum mit dem Museum of Scotland entstand dieses Haus, das etwa das geklonte Schaf Dolly, ägyptische Mumien und Schachfiguren aus dem 11. Jh. zur Schau stellt. Der moderne Pavillon ist der schottischen Geschichte gewidmet, während die viktorianische Halle die Kulturen der Welt präsentiert. Verpassen Sie nicht die Aussichtsterrasse, von der Sie einen herrlichen Blick auf die Stadt haben.

H SCOTTISH NATIONAL GALLERY

The Mound | Eintritt frei

Dieses Museum in einem klassizistischen Gebäude aus dem Jahr 1859 ist ein Juwel in Edinburghs New Town und wird alle Liebhaber der Malerei begeistern. Die Sammlung umfasst Gemälde, Zeichnungen und Skulpturen vom 14. bis zum 19. Jh. Man entdeckt die großen Namen der schottischen Kunst (Raeburn, Ramsay, McTaggart), findet aber auch einige internationale Meister ihres Metiers (Goya, Botticelli, Renoir, Van Gogh).

I PRINCES STREET, PRINCES GARDENS

Eintritt frei

Die große Einkaufsstraße zu Füßen des Edinburgh Castle wird von schönen Parkanlagen, den Princes Street Gardens, gesäumt. Hier finden Sie auch die Waverley Station, den Hauptbahnhof der Stadt.

 Die jeweiligen Öffnungszeiten finden Sie im Register ab S. 194.

EDINBURGH

SEHENSWERTES

J SCOTT MONUMENT

Princes St. | Aufstieg kostenpfl.

Dieses neugotische Monument ist eine Hommage an Sir Walter Scott, einen hochverehrten schottischen Schriftsteller und Historiker. Man kann den Turm besteigen und die Aussicht genießen.

K SCOTTISH NATIONAL PORTRAIT GALLERY

1 Queen St. | Eintritt frei

Die eindrucksvolle Fassade dieses Museums aus rotem Backstein ist mit zahlreichen Skulpturen verziert. Das Haus zeigt Porträts und Statuen bedeutender Männer und Frauen der schottischen Geschichte. Vor allem die Grand Hall mit ihrem chronologischen Fresko ist einen Besuch wert. Angeschlossen ist ein sehr gutes Café, in dem man – umgeben von Kunstwerken – sein Mittagessen einnehmen kann (Cafe Portrait, S. 52).

L PALACE OF HOLYROODHOUSE

Canongate | Eintritt

Auch heute noch wird dieser königliche Palast, der 1503 von Jakob IV. errichtet wurde, genutzt. Er ist die offizielle Residenz des britischen Königshauses in Schottland. Man kann die Große Galerie mit ihren 100 Porträts besichtigen, aber die wohl interessanteste Entdeckung im Inneren sind die Gemächer von Maria Stuart, in denen man die persönlichen Gegenstände dieser legendären schottischen Königin bestaunen kann.

M HOLYROOD PARK

Queen's Drive | Eintritt frei

Inmitten dieser beliebten Grünfläche erhebt sich **Arthur's Seat**, der Überrest eines Vulkans, der sich besteigen lässt. Auch von den Salisbury Crags genießt man einen atemberaubenden Ausblick.

N CALTON HILL

Am Ende der Princes Street | Eintritt frei

Von diesem grünen Hügel hat man einen herrlichen Panoramablick auf die schottische Hauptstadt, vor allem wenn im Westen die Sonne versinkt. Man spaziert zum unvollendeten National Monument mit seinen zwölf Säulen, zum Nelson Monument, das einem Leuchtturm ähnelt, und zum National Monument, einer nie vollendeten Kopie des Parthenon-Tempels in Athen. Edinburgh verdankt ihr übrigens seinen Spitznamen »Athen des Nordens«.

EDINBURGH

MITTAGSPAUSE

1 PEP & FODDER

• Der Ort für ein günstiges Mittagsmenü: Suppen, Salate, belegte Brote ...
• Eine besondere Empfehlung sind die einfachen, aber guten Sandwiches.
11 Waterloo Pl. | tgl. 7.30–16 Uhr

2 THE EDINBURGH LARDER

• Schönes, gemütliches, kleines Café mit einer feinen Frühstückskarte.
• Viele schätzen die Möglichkeit, die Salate selbst zusammenzustellen.
15 Blackfriars St. | tgl. 8–15 Uhr

3 OINK

• Eine Kette, gegründet von zwei Bauern – mit einer sehr einfachen Idee: Sandwich mit Schweinebraten für jedermann!
• In drei Größen erhältlich.
34 Victoria St. | tgl. 11–17, März–Okt. bis 18 Uhr

4 CLARINDA'S TEAROOM

• Kleines Café mit etwas altmodischem Charme.
• Einfache, aber leckere Gerichte: Sandwiches, Salate, Suppen.
• Gute Dessertauswahl.
69 Canongate | tgl. 9–16.30, Winter Di–Sa 10–16 Uhr

5 CAFE PORTRAIT

National Scottish Portrait Gallery

»Ich liebe es, inmitten der Kunstwerke zu Mittag zu essen. Es gibt immer eine gute Auswahl an Salaten und Tagesgerichten, ganz zu schweigen von den Backwaren!«
1 Queen St. | tgl. 10–17 Uhr

6 THE LOOKOUT

• Wunderschöner Blick auf die Stadt vom Hügel des Calton Hill aus.
• Typische Bistrokarte mit Tatar, Salaten, Risotto, Pastagerichten usw.
City Observatory | Do, Fr 12–22, Sa 10–22, So 10–16 Uhr

TOUR 1

EDINBURGH

RESTAURANTS

7 MUMS GREAT COMFORT FOOD

• Traditionelle schottische Gerichte, serviert in einer gemütlichen Umgebung.
• Den Gästen wird eine riesige Auswahl an Würstchen mit Kartoffelpüree als Beilage geboten.
4a Forrest Rd. | tgl. 9–22 Uhr

8 MAISON BLEUE

• Die Verschmelzung von schottischer, französischer, maghrebinischer und asiatischer Küche.
• Sehr schöne Einrichtung.
36–38 Victoria St. | So–Do 12–15 (außer Jan.), 17–22, Fr, Sa 12–22 Uhr

9 MUSSEL INN

»Sicher das beste Preis-Leistungs-Verhältnis für Fans von Meeresfrüchten. Ich komme wegen der einfachen Atmosphäre und der Terrasse.«
61–65 Rose St. | Mo–Do 12–15, 17.30–22, Fr–So 12–22 Uhr

10 AMBER RESTAURANT

• Auf den Tisch kommt eine modern interpretierte schottische Küche.
• Viele Gerichte werden mit Whisky gekocht.
Scotch Whisky Experience, 354 Castlehill | tgl. 11–21.30 Uhr

11 THE QUEENS ARMS

• Der perfekte Ort, um einen traditionellen *Sunday Roast* (gebratenes Fleisch mit Gemüse und Soße) zu genießen.
• Schmackhafte Speisen mit regionalen Zutaten.
49 Frederick St. | tgl. 11–1 Uhr

EDINBURGH

BARS UND PUBS

12 THE DEVIL'S ADVOCATE

• Eine etwas versteckte Bar, in der Sie eine bemerkenswerte Anzahl an schottischen Bieren und Whiskys genießen können.
• Mit beheizter Terrasse.
9 Advocate's Close | tgl. 12–1 Uhr

13 THE JOLLY JUDGE

• In der gemütlichen Kneipe ist die Zeit stehengeblieben: bemalte Decken, knisterndes Feuer ...
• Gute Whisky-Auswahl.
7 James Court | tgl. 12–24, So, Di, Mi bis 23 Uhr | Pub-Quiz Mo 20.30 Uhr

14 LILITH'S LOUNGE AT HOUSE OF GODS

»Eine angesagte Cocktailbar. Ich liebe die Eleganz dieses Ortes, den Orient-Express-Stil und die dekadente Speisekarte. Wir sind hier auf der Cowgate – the place to be.«
233 Cowgate | tgl. 15–1 Uhr

15 WHISTLE BINKIES

• Großer Pub, der dank seiner Live-Gigs die ganze Nacht hindurch immer voller Leben ist.
• Eine Liste der Konzerte finden Sie auf der Website.
4–6 South Bridge | whistlebinkies.com | tgl. 17–3 Uhr

16 THE ROYAL OAK

• Eine kleine Kneipe mit Holzbänken, in der man Einheimischen beim Musizieren zuhört.
• Weiterer Raum im Keller.
1 Infirmary St. | Fr–So 15–22; Keller Do–Sa 21.30–2 Uhr, So Eintritt

TOUR 1

EDINBURGH

EINKAUFEN

17 MUSEUM CONTEXT

- Der Deko-Laden hat sich auf die Welt von *Harry Potter* spezialisiert.
- Die Filiale in der Victoria Street wartet mit einer schönen Wendeltreppe auf.

40 Victoria St. bzw. 42–44 Cockburn St. | tgl. 11–18 Uhr

18 ARMSTRONGS VINTAGE

»Wie eine Höhle von Ali Baba, aber bestückt mit Kilts und Tweedjacken aus zweiter Hand. Hier finden Sie bestimmt etwas!«

81–83 Grassmarket | Mo–Do 10–17.30, Fr, Sa 10–18, So 12–18 Uhr

19 CADENHEAD'S WHISKY SHOP

- Eine authentische Sammlung schottischer Whiskys, gelagert in Eichenfässern, die für einzigartige Aromen sorgen.
- Seit 1842 eine Institution.

172 Canongate | Mo–Sa 10.30–17.30 Uhr

20 SWISH

- Hier gibt es trendige und humorvoll bedruckte T-Shirts (nach Wunsch mit eigenen Motiven).
- Originelle Accessoires.

50 Cockburn St. | tgl. 10–18, Sommer bis 21 Uhr | weitere Adresse: 41–44 Victoria St.

21 RAGAMUFFIN

- Berühmt für seine schottischen Strickwaren: klassisch, trendy, traditionell, zeitgenössisch – für jeden Geschmack und jedes Budget ist etwas dabei.

278 Canongate | tgl. 10–18, Winter So 12–17 Uhr

22 THE FUDGE HOUSE

- Fudge ist eine Süßigkeit, die dem Karamell ähnelt, auf der Basis von Zucker, Milch und Butter.
- Testen Sie sich durch die Geschmacksrichtungen.

197 Canongate | Mo–Sa 10–17.30, Winter bis 16.30 Uhr

TAGESAUSFLUG VON EDINBURGH

PENTLAND HILLS

NATURSCHUTZGEBIET IN UNMITTELBARER NÄHE

- **Die über 30 km lange Hügelkette mit einer Höhe von 580 m ist von Edinburgh aus leicht zu erreichen.**
- **Naturpark mit 100 km markierten Wanderwegen**
- **Karte des Parks mit Fahrrad-, Spazier- und Wanderwegen auf www.pentlandhills.org**

PRAKTISCHE INFOS

- Auto: ca. 10 km (30 Min.)
- Bus: empfohlen (40–50 Min.), Linien 4 (Stop Hillend), 10 (Stop Torphin), 16 (Stop Colinton), 27 (Stop Hunter's Tryst), 101 und 102 (Stop Boghall oder Flotterstone).
- Besucherzentren: Harlaw House in Balerno (tgl. 10.30–15.30 Uhr) und im Pentland Hills Café in Flotterstone (Do–Mo 10–16 Uhr)
- Fahrradverleih in Edinburgh

A SWANSTON FARM

Aktivitäten im Freien kostenpfl. | www.swanston.co.uk

Die Swanston Farm liegt wunderschön im Norden der Pentland Hills und hat eine Reihe von Aktivitäten im Programm: Reitausflüge im Sommer, Wanderungen, Mountainbiking und vieles mehr.

B THE CAPITAL VIEW

Wanderung

Der 4,8 km lange Rundweg (2 Std.) bietet wunderbare Ausblicke auf die schottische Hauptstadt und den Fluss Forth. Startpunkt ist der Hillend Country Park an der Endstation der Buslinie 4.

C THE TORDUFF WATER WALK

Wanderung

Ein 3,2 km langer Rundweg führt durch den Sanctuary Wood und an einem Wasserreservoir aus viktorianischer Zeit vorbei. Start an der Endstation der Buslinie 10 nahe des Pfadfinderlagers.

1 THE STEADING

Edinburgh

- Ein rustikales Gasthaus am Rand der Straße.
- Gute Auswahl an gegrilltem Fleisch, *British pub meals* und Burgern, aber auch Pasta und Risotto.
- Exzellenter Service.

Biggar Rd. | tgl. 9.30–23 Uhr

2 THE FLOTTERSTONE INN

Howgate

- Ein traditionelles Pub, in dem man ein *Highlander chicken*, das mit Haggis gefüllte Huhn, oder eine klassische Fleischpastete genießen kann.

Biggar Rd. | Küche tgl. 12–20, Sommer bis 21 Uhr

 Die jeweiligen Öffnungszeiten finden Sie im Register ab S. 194.

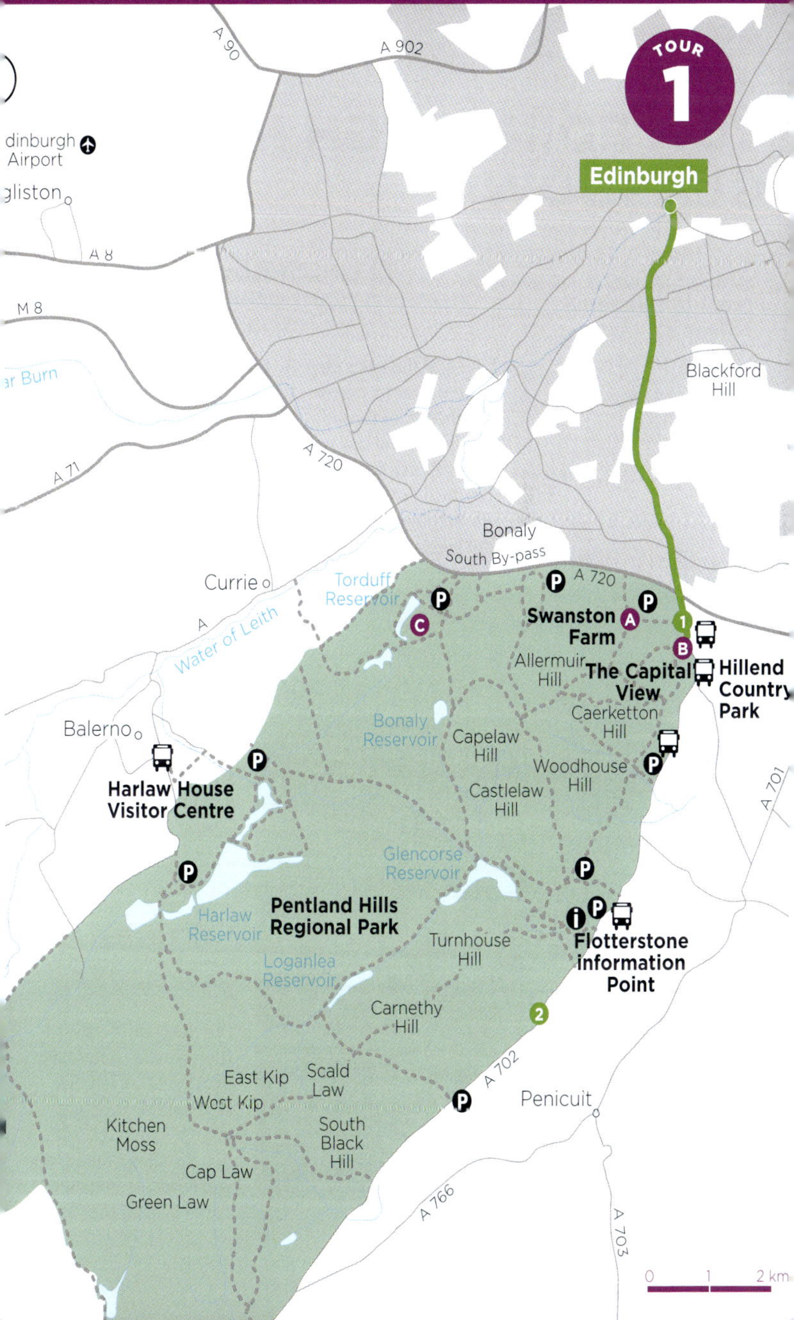
TOUR 1
Edinburgh
Edinburgh Airport
A 90
A 902
A 8
M 8
A 71
A 720
Blackford Hill
Bonaly
South By-pass
A 720
Currie
Torduff Reservoir
Water of Leith
Swanston Farm
Allermuir Hill
The Capital View
Hillend Country Park
Caerketton Hill
Balerno
Bonaly Reservoir
Capelaw Hill
Woodhouse Hill
Harlaw House Visitor Centre
Castlelaw Hill
A 701
Glencorse Reservoir
Pentland Hills Regional Park
Harlaw Reservoir
Turnhouse Hill
Flotterstone information Point
Loganlea Reservoir
Carnethy Hill
East Kip
Scald Law
West Kip
A 702
Penicuik
Kitchen Moss
South Black Hill
Cap Law
Green Law
A 766
A 703
0
1
2 km

VON EDINBURGH NACH GLASGOW

- **Auto: 76 km (ca. 1.15 Std. reine Fahrzeit)**
- **Bahn: 55 Min.**
- **Bus: 1.15 Std.**

A LINLITHGOW PALACE

Palast Eintritt, Park frei zugänglich (außer am letzten Juni- bzw. ersten Juliwochenende)

Dieser Palast aus dem 15. Jh. war die bevorzugte königliche Residenz der berühmten Stuart-Familie, bis er im 18. Jh. niedergebrannt wurde. Sowohl der schottische König Jakob V. als auch Maria Stuart kamen dort zur Welt. Heute findet man eine beeindruckende Ruine vor, die auch vom Zugfenster aus zu sehen ist. Die großartige Parkanlage, die das Anwesen umgibt, verdient einen ausgiebigen Spaziergang im Grünen.

1 TASTE CAFÉ

Linlithgow

- Kleines Café, das in der ehemaligen Hofbäckerei untergebracht ist.
- Frische lokale Produkte.
- Sonntag gutes Frühstück.

47 High St. | Mo–Mi 8.30–16.30, Do, Fr 8.30–17.30, Sa 9–17.30, So 10–16.30 Uhr

B THE KELPIES

The Helix, an der Autobahn M9 | Eintritt frei, Führung kostenpfl.

Die riesigen Pferdestatuen wurden von Andy Scott geschaffen. Sie sind eine Anspielung auf die Arbeitspferde an den Kanälen und auf die *waterhorses*, die legendären Wasserpferde.

 Die jeweiligen Öffnungszeiten finden Sie im Register ab S. 194.

TOUR 1

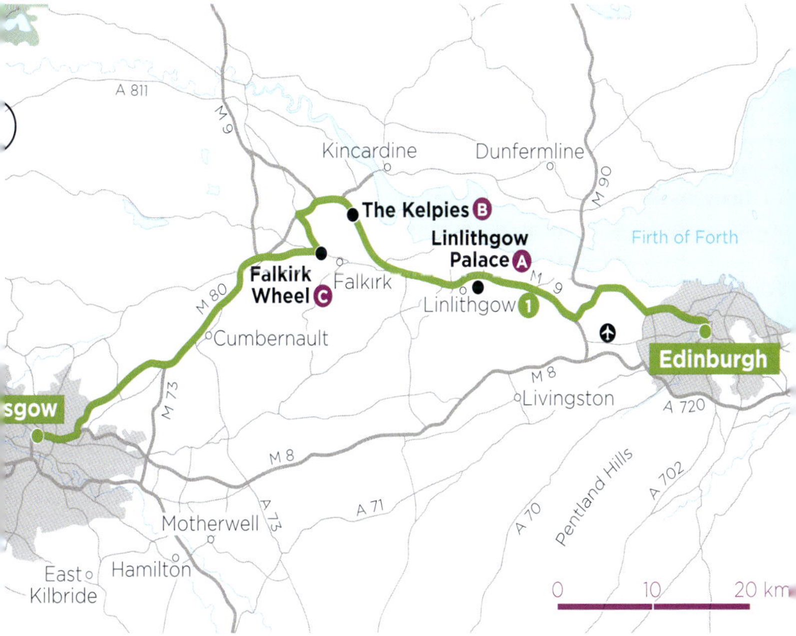

C FALKIRK WHEEL

Lime Road, Falkirk | Eintritt frei | Bootstour kostenpfl.

Dieses Hebewerk nahe der Stadt Falkirk ist eine technische Meisterleistung und ermöglicht es, Schiffe vom Forth & Clyde Canal in den Union Canal zu überführen. Der Höhenunterschied beträgt 24 m. Dieses »Rad« wurde 2002 eingeweiht, nachdem rund 15 000 Schrauben angezogen worden waren. Angeschlossen ist ein informatives Besucherzentrum, und wer will, kann sogar eine Bootsfahrt unternehmen (35 oder 60 Min.).

ETAPPE 2 GLASGOW

VOM FLUGHAFEN INS ZENTRUM

Bus: Der Glasgow Express 500 verkehrt tagsüber alle 10 Min., nachts stündlich, Dauer 20–25 Min.
Taxi: 20–25 £ ins Zentrum (ca. 25 Min.)

INFOS & ADRESSEN

VisitScotland iCentre: 156 Buchanan St., www.visitscotland.com, http://peoplemakeglasgow.com
Sept.–April Mo–Sa 9–17, So 10–16, Mai, Juni Mo–Sa 9–18, So 10–16, Juli, Aug. Mo–Sa 9–19, So 10–17 Uhr

UNTERWEGS IN GLASGOW

Zu Fuß: Das Zentrum von Glasgow lässt sich gut zu Fuß erkunden. Vom Lighthouse bis zum People's Palace ist man rund 25 Min. unterwegs.
Bus: First Bus (www.firstgroup.com) verkehrt im Stadtzentrum. Mit der »First Bus App« kann man einfach und praktisch Fahrkarten kaufen.
U-Bahn: Vollständig unterirdisch verlaufende Ringstrecke (Spitzname Clockwork Orange wegen der orangefarbigen Wagen), Mo–Sa 6–23.30, So 10–18 Uhr
Auto: Parkplätze sind sehr teuer, nutzen Sie besser die öffentlichen Verkehrsmittel.

BESICHTIGUNG

- Wir haben den Besuch in zwei Abschnitte aufgeteilt: das Stadtzentrum und das West End. An einem Tag können Sie sich einen guten Überblick verschaffen, zwei Tage sind sicher entspannter.
- Reservieren Sie Ihre Unterkunft unbedingt im Voraus.

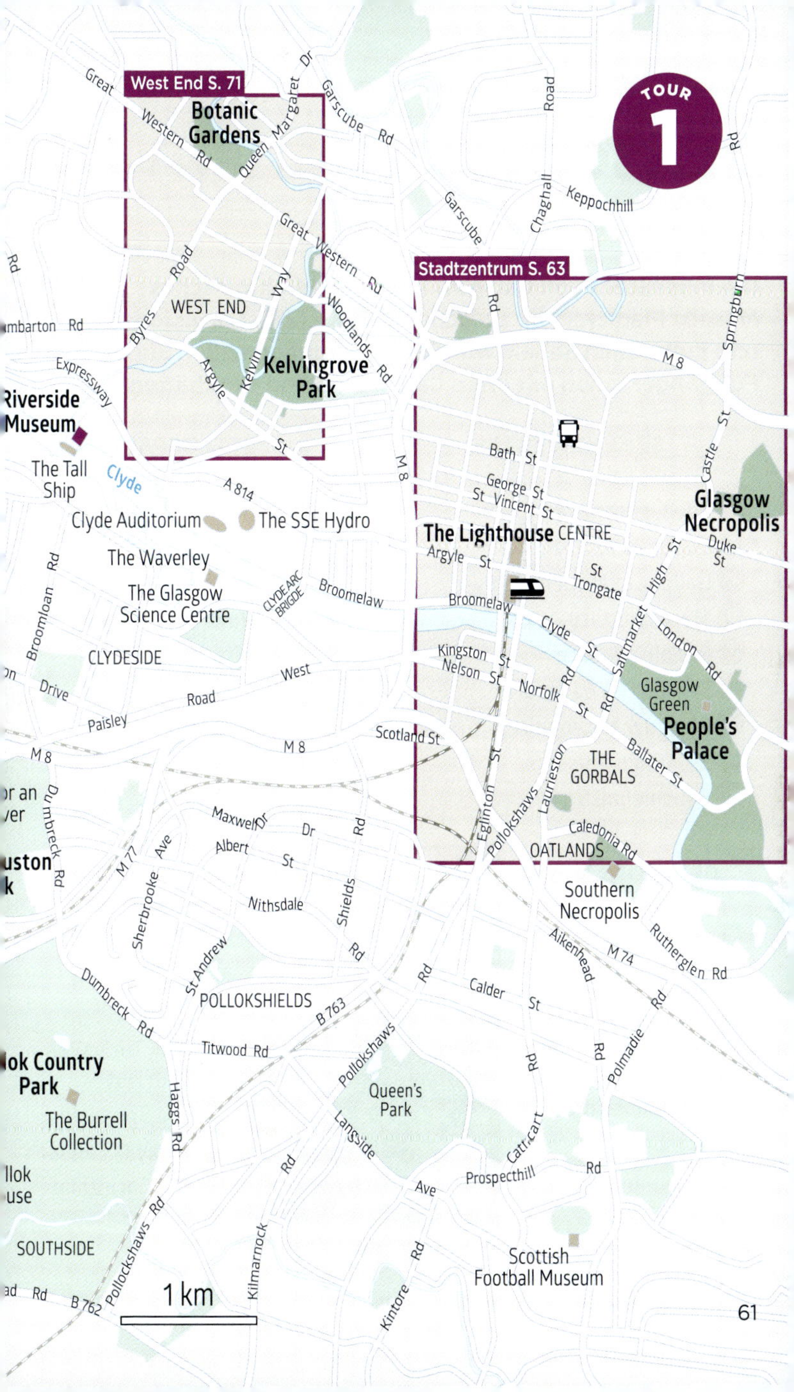
TOUR
1
West End S. 71
Stadtzentrum S. 63
Botanic Gardens
WEST END
Kelvingrove Park
Riverside Museum
The Tall Ship
Clyde
Clyde Auditorium
The SSE Hydro
The Waverley
The Glasgow Science Centre
CLYDESIDE
CLYDE ARC BRIGDE
Broomelaw
The Lighthouse
CENTRE
Glasgow Necropolis
Glasgow Green
People's Palace
THE GORBALS
OATLANDS
Southern Necropolis
POLLOKSHIELDS
Queen's Park
SOUTHSIDE
Scottish Football Museum
The Burrell Collection
Great Western Rd
Garscube Rd
Chaghall Road
Keppochhill Rd
Woodlands Rd
Springburn
Castle St
M 8
M 77
M 74
A 814
B 763
B 762
Bath St
George St
St Vincent St
Argyle St
Trongate
Duke St
High St
Saltmarket
London Rd
Kingston St
Nelson St
Norfolk St
Clyde St
Ballater St
Caledonia Rd
Eglinton St
Pollokshaws Rd
Laurieston Rd
Scotland St
Paisley Road West
Dumbreck Rd
Maxwell Dr
Albert Dr
Nithsdale St
Shields Rd
St Andrew
Sherbrooke Ave
Titwood Rd
Haggs Rd
Calder St
Aikenhead Rd
Rutherglen Rd
Polmadie Rd
Cathcart Rd
Prospecthill Rd
Langside Ave
Kilmarnock Rd
Kintore Rd
Broomloan Rd
Byres Road
Kelvin Way
1 km

GLASGOW STADTZENTRUM

Die Innenstadt von Glasgow ist ein architektonisches Mosaik. Flanieren Sie zwischen den wichtigsten historischen und kulturellen Sehenswürdigkeiten und genießen Sie die Fußgängerzonen mit ihren Cafés, Bars und Geschäften.

SEHENSWERTES

- A The Lighthouse
- B Buchanan Street
- C Gallery of Modern Art
- D Merchant City
- E People's Palace
- F St Mungo's Cathedral
- G Glasgow Necropolis
- H St Mungo Museum
- I Sauchiehall Street

MITTAGSPAUSE

- 1 Where the Monkey Sleeps
- 2 Platform
- 3 The Butterfly and the Pig
- 4 The Willow Tea Rooms
- 5 Rose & Grant's Deli Cafe
- 6 Temaki

RESTAURANTS

- 7 The 13th Note
- 8 Paesano Pizza
- 9 The Spanish Butcher
- 10 Brewdog Merchant City
- 11 Gamba
- 12 Halloumi
- 13 Mono

AUSGEHEN

- 14 The Horseshoe Bar
- 15 The Pot Still
- 16 Sloans
- 17 King Tut's Wah Wah Hut
- 18 The Spiritualist
- 19 Waxy O'Connor's
- 20 The Corinthian Club

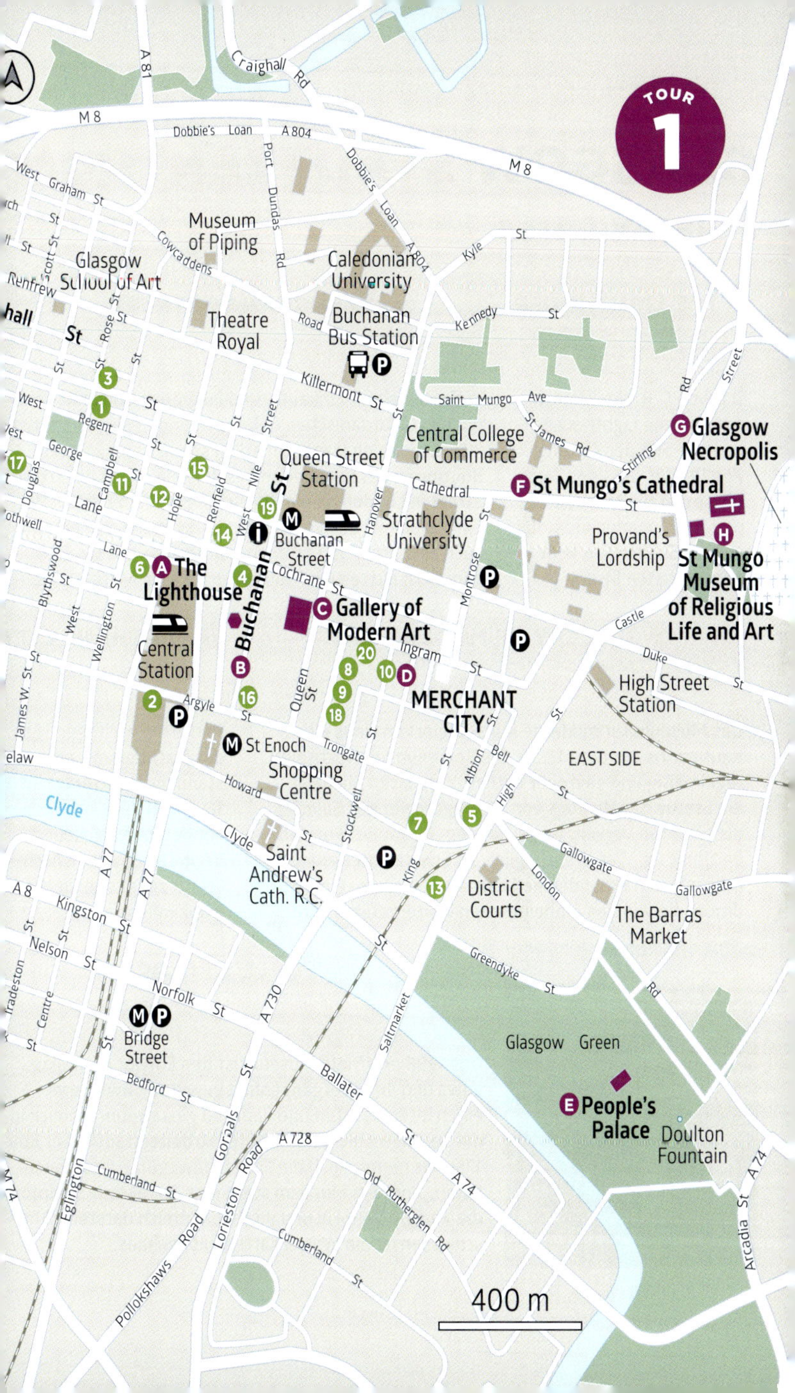
TOUR 1
Museum of Piping
Glasgow School of Art
Theatre Royal
Caledonian University
Buchanan Bus Station
Queen Street Station
Central College of Commerce
G Glasgow Necropolis
F St Mungo's Cathedral
Provand's Lordship
H St Mungo Museum of Religious Life and Art
Strathclyde University
Buchanan Street
A The Lighthouse
Central Station
C Gallery of Modern Art
B
D
MERCHANT CITY
High Street Station
EAST SIDE
St Enoch Shopping Centre
Saint Andrew's Cath. R.C.
District Courts
The Barras Market
Bridge Street
Glasgow Green
E People's Palace
Doulton Fountain
Clyde
400 m
M 8
Craighall Rd
Dobbie's Loan
A 804
Port Dundas Rd
Cowcaddens Road
Killermont St
Buchanan St
West Nile Street
Cathedral St
Cochrane St
Ingram St
Argyle St
Trongate
Gallowgate
London Rd
Saltmarket
Greendyke St
Ballater St
Norfolk St
Kingston St
Nelson St
Bedford St
Cumberland St
Old Rutherglen Rd
Pollokshaws Road
Eglinton St
Gorbals St
Lorieston Road
Clyde St
Howard St
Stockwell St
King St
Albion St
Bell St
High St
Duke St
Castle St
Stirling Rd
Saint Mungo Ave
St James Rd
Kennedy St
Kyle St
Montrose St
Hanover St
Queen St
Renfield St
Hope St
Wellington St
West Campbell St
Douglas St
Blythswood St
George St
Regent St
West Regent St
Bothwell St
Rose St
Scott St
Renfrew St
Sauchiehall St
West Graham St
James W. St
A 77
A 8
A 730
A 728
A 74
M 74
Arcadia St
Centre St

GLASGOW STADTZENTRUM

SEHENSWERTES

A THE LIGHTHOUSE

11 Mitchell Lane | Eintritt frei

Das von C. R. Mackintosh entworfene Lighthouse war der Sitz der Zeitung *The Herald*, bevor es zum **Museum** für Architektur und Design umgewidmet wurde. Schöne Aussicht vom sechsten Stock.

B BUCHANAN STREET

In der beliebten Einkaufs- und Fußgängerzone mit zahlreichen viktorianischen Gebäuden finden Sie alle großen internationalen Handelsmarken sowie Geschäfte und Boutiquen des gehobenen Geschmacks. Nach der Oxford Street in London ist die Buchanan Street die belebteste Einkaufsmeile des Vereinigten Königreichs. Es herrscht auch eine kreative Stimmung, Dutzende von Straßenkünstlern nutzen den Boulevard für Ihre Aufführungen.

C GALLERY OF MODERN ART

Royal Exchange Square | Eintritt frei

Das Museum für moderne Kunst logiert im Haus eines Kaufmanns aus dem 18. Jh. Die Sammlungen wechseln regelmäßig und sind sehr aktuell. Verpassen Sie nicht die Statue des Herzogs von Wellington vor der Galerie, die für ihren Verkehrskegel auf dem Haupt des Fürsten berühmt ist. Was ursprünglich als Scherz unter etwas betrunkenen Freunden gedacht war, wurde zu einer Tradition, die von den Einheimischen weitergeführt wird.

D MERCHANT CITY

Heute ein wichtiger Spot des Nachtlebens, entstand dieses **Viertel** im 18. Jh. im Zuge des Fernhandels mit der Neuen Welt. Die opulente Architektur zeugt von diesen glanzvollen Jahren.

E PEOPLE'S PALACE

Glasgow Green | Eintritt frei

Das 1898 eröffnete Museum ist den Einwohnern Glasgows und ihrer Vergangenheit gewidmet und bietet einen interessanten und liebevoll gestalteten Einblick in die Sozialgeschichte der »roten Arbeiterstadt« vom Jahr 1750 bis heute. Auch die Frauenbewegung wird thematisiert. Vor dem Museum steht eine Terrakotta-Skulptur, die Königin Victoria und ihr Kolonialreich darstellt. Angeschlossen ist ein Wintergarten mit Teehaus.

 Die jeweiligen Öffnungszeiten finden Sie im Register ab S. 194.

TOUR 1

GLASGOW STADTZENTRUM

SEHENSWERTES

F ST MUNGO'S CATHEDRAL

Castle St. | Eintritt frei, Audioguide kostenpfl.

St Mungo's Cathedral beherbergt eine der schönsten Sammlungen von Glasmalereien in Großbritannien. Der Grund dafür ist, dass sie eine von nur zwei katholischen Kirchen war, die den bilderstürmerischen Zerstörungen durch die protestantischen Bewegungen, die im 16. Jh. in Schottland besonders gewütet hatten, entgangen ist. In der Unterkirche kommen Sie am Grab des hl. Mungo, des Gründers und ersten Bischofs der Stadt, vorbei.

G GLASGOW NECROPOLIS

Castle St. | Eintritt frei

In diesem **Friedhof** kommt schnell eine mystische Stimmung auf. Er erstreckt sich auf einem Hügel, der die Stadt überragt – mit Tausenden von riesigen Gräbern. Ein einzigartiger Spaziergang!

H ST MUNGO MUSEUM OF RELIGIOUS LIFE AND ART

Castle St. | Mo geschl. | Eintritt frei

Alle Weltreligionen unter einem Dach: Dieses 1993 eröffnete Museum für Religion und religiöse Kunst zeigt sakrale Gegenstände und Kultobjekte aus verschiedenen Kulturkreisen. Es regt auch zum Nachdenken über den Stellenwert der Religion in unserem Alltag an – unabhängig davon, welcher Glaubensrichtung man selbst angehört. Wertvollstes Ausstellungsstück ist das Gemälde *Christus am Kreuz* von Salvador Dali.

I SAUCHIEHALL STREET

Eine der Hauptstraßen des Zentrums und dank der Glasgow School of Art sehr studentisch geprägt. Bars, Nachtclubs, Konzertsäle und zeitgenössische Museen reihen sich hier aneinander.

GLASGOW STADTZENTRUM

MITTAGSPAUSE

1 WHERE THE MONKEY SLEEPS

• Hier werden die wohl besten Sandwiches im Stadtzentrum verkauft. Alles wird vor Ort zubereitet, und es stehen große Tische zur Verfügung.
182 West Regent St. | Mo–Fr 7–15 Uhr

2 PLATFORM

»Der ehemalige Nachtclub beherbergt nun Streetfood-Stände, die besten Restaurants sind vertreten. Achten Sie auch auf die Veranstaltungen!«
Argyle St. Arches | Sa 12–22 Uhr (Bild)

3 THE BUTTERFLY AND THE PIG

• Ein Ort mit Vintage-Tapeten und Charakter. Die Speisekarte im Stil eines Pubs ist urkomisch.
• Alles wird vor Ort hergestellt, sogar das Brot.
152–153 Bath St. | Mo–Sa 9–2, So 10–24 Uhr

4 THE WILLOW TEA ROOMS

• Klassische kleine Gerichte, ein exzellenter Afternoon Tea und eine Auswahl an Gebäck.
• Gestaltet von Charles Rennie Mackintosh.
97 Buchanan St. | Mo–Sa 9–18.30, So 10–17.30 Uhr

5 ROSE & GRANT'S DELI CAFE

• Die perfekte Adresse für ein gutes Frühstück oder ein Mittagessen.
• Viele lieben die überquellende heiße Schokolade und die bunten Salate.
27 Trongate | tgl. 8–17, So ab 9 Uhr

6 TEMAKI

• Ein japanisches Restaurant, das für seine »Sushi-Burritos« zum Mitnehmen berühmt geworden ist.
• Angenehmer und schneller Service.
113 Hope St. | So–Do 12–22, Fr, Sa 12–23 Uhr

GLASGOW STADTZENTRUM

RESTAURANTS

7 THE 13TH NOTE

- Sehr internationale Speisekarte: Dhal, Halloumi, Burger etc.
- Konzerte und Veranstaltungen am Abend, Galerie für lokale Künstler.

50–60 King St. | Mo–Mi 12–23, Do–So 12–24 Uhr

8 PAESANO PIZZA

- Einige Glasgower lassen sich zu der Behauptung hinreißen, hier bekäme man die weltbeste Pizza.
- Planen Sie ein wenig Wartezeit für den Tisch ein.

94 Miller St. | So–Mi 12–22.30, Do 12–23, Fr, Sa 12–24 Uhr

9 THE SPANISH BUTCHER

- Ein Lokal mit viel Flair.
- Spanische Spezialitäten und schöne Auswahl an Fleischgerichten, darunter feinstes galizisches Rindfleisch und erstklassiger iberischer Jamon.

80 Miller St. | tgl. 12–1 Uhr

10 BREWDOG MERCHANT CITY

- Dieses Restaurant mit Bar gehört zu BrewDog, einer der aufstrebenden schottischen Brauereien.
- Originelle Burger, tolles geräuchertes Fleisch.

99 Hutcheson St. | tgl. 11–24, Sa, So ab 10 Uhr

121 GAMBA

- Eine Empfehlung für Meeresfrüchte in Glasgow.
- Hervorragende und fantasievolle Küche, die ausschließlich auf lokalen Produkten basiert.

225 George St. | Mo–Sa 12–14.15, 17–21.30, So 17–21 Uhr

12 HALLOUMI

»Nach Tapas-Art werden hier griechische Spezialitäten in kleinen Portionen zum Teilen serviert. Die Speisen sind vegan und glutenfrei.«

161 Hope St. | So–Do 12–22, Fr, Sa 12–22.30 Uhr

13 MONO

- Viele Gerichte bieten sich zum Teilen an: z. B. Pizza oder Pita mit Salat. Alles ist frisch und lecker.
- Hier gibt es grundsätzlich nur vegane Kost.

12 Kings Court | So–Do 11–22, Fr, Sa 11–24 Uhr | Reserv. empf.

GLASGOW STADTZENTRUM

AUSGEHEN

14 THE HORSESHOE BAR

• Klassische preiswerte Pub-Gerichte, schottische Qualitätsbiere und ausgelassene Stimmung bei Sportereignissen.
• Die Bar ist berühmt für ihre Karaoke-Events.

17–19 Drury St. | tgl. 10–24 Uhr

15 THE POT STILL

• Diese Kneipe hat ganze 700 Whiskys im Angebot, da kann die Wahl leicht zur Qual werden.
• Eine Institution in Glasgow, erwarten Sie keine Sitzgelegenheit.

150 Hope St. | tgl. 11–24 Uhr

16 SLOANS

• Die Bar ist vor allem für ihren gemütlichen *beer garden* bekannt.
• *Ceilidh*, die traditionellen schottischen Tänze, stehen am Freitagabend im Mittelpunkt.

108 Argyle St. | tgl. 12–23 Uhr

17 KING TUT'S WAH WAH HUT

»Verpassen Sie nicht diesen kleinen Konzertsaal, der schon viele Rockstars gesehen hat (Radiohead, Oasis). Eine gute Gelegenheit, Neues zu entdecken!«

272 St Vincent St. | Mo–Fr 12–1, Sa, So 15–1 Uhr

18 THE SPIRITUALIST

• Sehr elegante und coole Cocktailbar, in der man auch etwas essen kann.
• Eine Wand belegt ein imposantes Glasregal mit über 300 Flaschen.

62 Miller St. | So–Do 12–23, Fr, Sa 12–1 Uhr

19 WAXY O'CONNOR'S

• Ein Labyrinth mit sechs Bars in verschiedenen Räumen, in dem es immer etwas zu entdecken gibt.
• Das Lokal bezaubert mit Holzhütten-Ambiente.

44 West George St. | tgl. 12–23 Uhr

20 THE CORINTHIAN CLUB

• Sehr elegante Bar in einer ehemaligen Bank.
• Wunderschöne Kuppel, gemütliche Sitzbänke.
• Ein Highlight ist die Rooftop-Terrasse.

191 Ingram St. | Mo–Fr, So 10–1, Sa 10–3 Uhr

TOUR
1

GLASGOW WEST END

Die ehemaligen Nobelviertel von Glasgow haben heute Studenten übernommen. Besuchen Sie die Gegend rund um das Kelvingrove Museum, vorbei an der Universität, und schlendern Sie durch den Botanischen Garten.

SEHENSWERTES

- A Kelvingrove Art Gallery and Museum
- B Kelvingrove Park
- C Ashton Lane
- D Botanic Gardens und Kibble Palace
- E University of Glasgow
- F Riverside Museum

MITTAGSPAUSE UND CAFÉS

1. Inn Deep
2. Papercup
3. An Clachan
4. Knolls Kitchen Bar & Garden
5. The 78
6. Kember & Jones

RESTAURANTS

7. Mother India
8. The Bothy
9. Alchemilla
10. Ubiquitous Chip
11. Hanoi Bike Shop
12. The Gannet

AUSGEHEN

13. The Ben Nevis
14. Òran Mór
15. Brel
16. The Belle
17. Curlers Rest
18. Vodka Wodka
19. Hillhead Bookclub
20. The Sparkle Horse

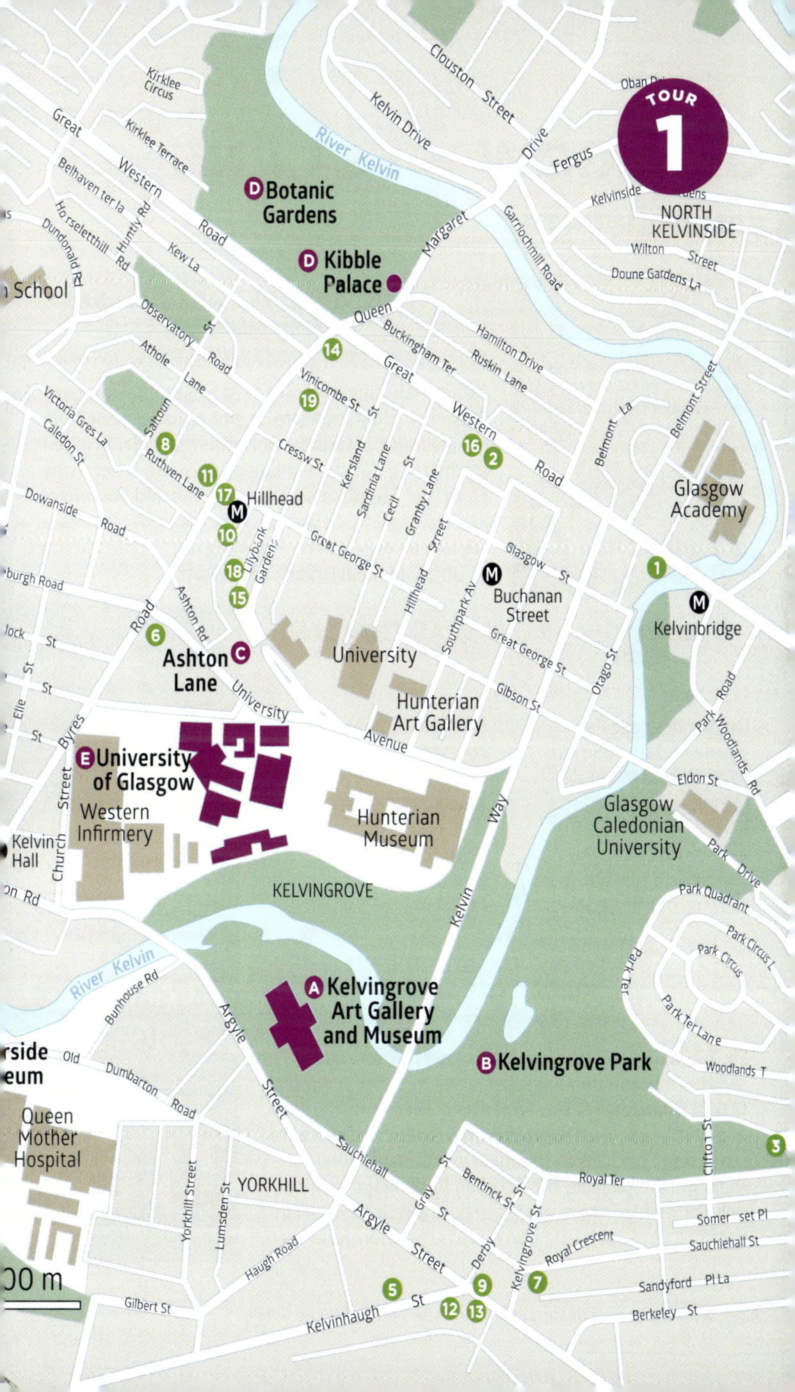

TOUR 1
Botanic Gardens
Kibble Palace
Ashton Lane
University of Glasgow
Kelvingrove Art Gallery and Museum
Kelvingrove Park
NORTH KELVINSIDE
KELVINGROVE
YORKHILL
River Kelvin
Great Western Road
University
Hunterian Art Gallery
Hunterian Museum
Western Infirmary
Glasgow Academy
Glasgow Caledonian University
Kelvinbridge
Hillhead
Buchanan Street
Queen Mother Hospital
Kelvin Hall
Dumbarton Road
Argyle Street
Sauchiehall St
Kelvin Way
University Avenue
Byres Road
Royal Ter
Royal Crescent
Kelvinhaugh St
Clouston Street
Kelvin Drive
Queen Margaret Drive
Park Circus
Park Quadrant
Woodlands Road
Otago St
Gibson St
Great George St
Ashton Rd
Cresswell St
Vinicombe St
Observatory Road
Ruthven Lane
Dowanside Road
Belmont Street
Hamilton Drive
Buckingham Ter
Gray St
Derby St
Bentinck St
Kelvingrove St
Clifton St
Haugh Road
Gilbert St
Yorkhill Street
Lumsden St
Old Dumbarton Road
Bunhouse Rd
Church Street
00 m

GLASGOW WEST END

SEHENSWERTES

A KELVINGROVE ART GALLERY AND MUSEUM

Argyle St. | Eintritt frei, Wechselausstellungen kostenpfl.

Dieses Haus aus dem Jahr 1901 ist stadtbekannt. In Glasgows größtem Museum gibt es nahezu alles: eine riesige naturhistorische Kollektion, eine der größten städtischen Kunstsammlungen Europas, schottische Flora und Fauna, Architektur, Waffen und Rüstungen und vieles mehr. Es werden regelmäßig Wechselausstellungen organisiert. Jeden Tag um 13 Uhr (sonntags 15 Uhr) findet ein Orgelkonzert statt.

B KELVINGROVE PARK

Eintritt frei

Der Kelvingrove Park wurde im Jahr 1852 eingeweiht und bildet den Mittelpunkt des West End. Umrunden Sie ihn auf dem Weg von der Universität Glasgow zum Kelvingrove Museum.

C ASHTON LANE

Eine kleine, bezaubernde kopfsteingepflasterte Fußgängerzone, die jedes Wochenende illuminiert wird und in der dann mit ihren Backsteinhäusern eine heitere, fast dörfliche Atmosphäre herrscht.

D BOTANIC GARDENS UND KIBBLE PALACE

730 Great Western Road | Eintritt frei

Ein Traum in Glas: Diesen botanischen Garten zieren zwölf viktorianische Gewächshäuser, in denen mehr als 12 000 Pflanzenarten zu finden sind. Hier kann man sich wunderbar von der Hektik der Großstadt erholen, zwischen den Parkbänken tummeln sich flinke Grauhörnchen. Am Eingang der öffentlichen Parkanlage befindet sich der Kibble Palace, ein Glaspalast aus dem 19. Jh., in dem sich ein Regenwald und hübsche Statuen verbergen.

 Die jeweiligen Öffnungszeiten finden Sie im Register ab S. 194.

TOUR 1

GLASGOW WEST END

SEHENSWERTES

E UNIVERSITY OF GLASGOW

University Avenue | Eintritt frei

Die Universität von Glasgow wurde bereits 1451 gegründet und befand sich zunächst am Rand der Kathedrale, bevor sie 1870 in den Westen der Stadt umzog. Heute sind hier rund 32 500 Studenten eingeschrieben. Beachten Sie die neogotische Architektur des Gebäudes, bevor Sie das Innere besichtigen, das Sie vielleicht an *Hogwarts*, die Schule von *Harry Potter*, oder an einige Szenen aus der erfolgreichen TV-Serie *Outlander* erinnert.

F RIVERSIDE MUSEUM

Pointhouse Pl. | Eintritt frei

Das Museum mit seiner modernen Architektur ist der Geschichte des Verkehrs in Glasgow gewidmet: Züge, Straßenbahnen, Busse, Fahrräder, Autos, Boote – und dahinter liegt das Tall Ship vor Anker.

GRÜNE OASEN IN DEN SÜDWESTLICHEN VORORTEN: BELLAHOUSTON PARK UND POLLOK PARK

South Side | Eintritt frei | *siehe Karte S. 61*

Der **Bellahouston Park**, der im Frühling in voller Blüte steht, birgt faszinierende Kunstwerke. Mittendrin thront The House for an Art Lover (tgl. 10–16 Uhr), ein architektonisches Juwel, das von C. R. Mackintosh und M. MacDonald entworfen wurde. Anfahrt mit den Bussen 9, 9A oder 10 von West George St. (Richtung Paisley), Haltestelle Helen St (20 Min.). Im **Pollok Country Park** gibt es schöne Gärten, eine Mühle und sogar einige Hochlandrinder. Hier kann man Pollok House (tgl. 10–17 Uhr), das Herrenhaus der Familie Maxwell (18. Jh.), besuchen und eine großartige Kunstsammlung bewundern. Anfahrt mit Bus 57 von St Vincent St. (Richtung Pollok), Haltestelle Christian St (30 Min.).

GLASGOW WEST END

MITTAGSPAUSE UND CAFÉS

1 INN DEEP

• Hier genießt man eine traditionelle Pub-Küche: Fish & Chips, Burger etc.
• Unterhalb des Straßen-niveaus mit Terrasse und Blick auf den Fluss Kalvin.
445 Great Western Rd. | tgl. 12–24 Uhr

2 PAPERCUP

• Ein Brunch in diesem sympathischen Hipster-Café wird Ihnen lange in Erinnerung bleiben.
• Der Kaffee wird direkt vor Ort geröstet.
603 Great Western Rd. | tgl. 8.30–18 Uhr, tgl. Brunch

3 AN CLACHAN

»Dieses entzücken-de Café befindet sich im Kelvingrove Park. Wir lieben es wegen der Ein-fachheit und seiner Liebe für hochwertige Zutaten.«
Kelvingrove St. | Mi–So 10–16 Uhr

4 KNOLLS KITCHEN BAR & GARDEN

• Ausgewählte Speisen, beispielsweise ame-rikanisch inspirierte Sandwiches oder kleine Gerichte zum Teilen.
• Gutes Frühstück.
162 Dumbarton Rd. | Mo–Do 8–18, Fr–So 9–22 Uhr

5 THE 78

• Die Speisekarte ist kom-plett vegan ausgerichtet, mit frischen Lebensmit-teln und offener Küche.
• Gutes Frühstücksange-bot am Wochenende.
10 Kelvinhaugh St. | tgl. 12–24 Uhr

6 KEMBER & JONES

• Café und Bäckerei in hellem, modernem Stil.
• Es gibt Bagels, Waffeln, Torten, Frikadellen, Sand-wiches oder Salate – alles sehr schmackhaft.
134 Byres Rd. | Di–So 9–17 Uhr

GLASGOW WEST END

TOUR 1

RESTAURANTS

7 MOTHER INDIA

• Gehört zu den beliebtesten indischen Restaurants. • Der erste Inder an dieser Stelle wurde bereits im Jahr 1900 eröffnet.
28 Westminster Terrace | Mo–Do 17.30–22.30, Fr 12.30–23, Sa 13–23, So 13–22 Uhr

8 THE BOTHY

• Eine vorzügliche Küche, die traditionelle Gerichte mit neuen Geschmackserlebnissen verbindet. • Verstecktes Lokal in einem Haus aus dem 19. Jh.
11 Ruthven Ln. | Mo–Do, So 12–23, Fr, Sa 12–24 Uhr

9 ALCHEMILLA

• Serviert werden sehr einfallsreiche mediterrane Gerichte in einem ruhigen, farbenfrohen Raum. • Die Gäste können im Alchemilla den Köchen bei der Arbeit zuschauen.
1126 Argyle St. | tgl. 12–24 Uhr

10 UBIQUITOUS CHIP

• Drei Bars und zwei Restaurants mit exquisiter schottischer Küche. • Dschungelartiger Raum mit vielen Pflanzen. • Gourmetgerichte mit einem lokalen Touch.
12 Ashton Ln. | tgl. 11–1 Uhr

11 HANOI BIKE SHOP

• Ein einfaches und gutes vietnamesisches Restaurant, das auch vegane Optionen anbietet. • Bestellen Sie mehrere kleine Gerichte zum Teilen.
8 Ruthven Ln. | tgl. 12–23 Uhr (Bild)

12 THE GANNET

»Ein Abendessen im Gannet ist eine kulinarische Reise: Die Gerichte sind fein und schmackhaft, und das Menü führt uns an einem Abend durch ganz Schottland. Die moderne Interpretation der Klassiker ist ein gastronomischer Hochseilakt! Die Menüs mit vier oder sechs Gängen wechseln je nach Jahreszeit.«
1155 Argyle St. | Di–Mi 17–21.30, Do–Sa 12–14, 17–21.30, So 13–15, 17.30–21 Uhr | auch vegetarische Gerichte

GLASGOW WEST END

AUSGEHEN

13 THE BEN NEVIS

• Ein gemütlicher Pub, der in die Highlands entführt. • Mittwoch, Donnerstag und Sonntag Livemusik. • Beeindruckende Sammlung von Whiskyflaschen.
1147 Argyle St. | tgl. 12–24, So ab 12.30 Uhr

14 ÒRAN MÓR

»Die Kirche, die in eine Bar, ein Restaurant und einen Club umgewandelt wurde, ist eine Institution! Hier gibt es immer ein Konzert oder eine Party.«
Byres Rd. | Mo–Mi 9–2, Do–So 9–3 Uhr

15 BREL

• Die Adresse für Liebhaber belgischer Biere. • Es besteht die Möglichkeit, einen Grillplatz um ein Holzfeuer im Freien zu reservieren.
37 Ashton Ln. | tgl. 12–24, Sa bis 1 Uhr

16 THE BELLE

• Kneipe mit ländlichem Pub-Ambiente. Die Atmosphäre ist geprägt durch ein schönes Kaminfeuer, dunkle Ecken und Jagdtrophäen an der Wand.
617 Great Western Rd. | tgl. 12–24 Uhr

17 CURLERS REST

• Gemütliches, familiäres Pub, das bereits seit dem 17. Jh. in dieser Taverne untergebracht ist. • Am Dienstagabend steigt die »Quiz Night«.
256 Byres Rd. | Mo–Sa 12–24, So 12–23 Uhr

18 VODKA WODKA

• Auf der Karte stehen 70 Wodka- und Rumsorten. • Eine der ersten Bars in der Stadt, die sich auf Cocktails spezialisiert hat. • Es gibt auch einen überdachten *beer garden*.
31 Ashton Ln. | tgl. 12–24 Uhr

19 HILLHEAD BOOKCLUB

• Ein vibrierender Ort, an dem man essen und zu später Stunde tanzen kann. • Wer will, vergnügt sich mit den Videospielen aus längst vergangenen Tagen.
17 Vinicombe St. | tgl. 12–24 Uhr

20 THE SPARKLE HORSE

• Die Bar im Vintage-Look wird vor allem wegen ihres Ambientes und ihrer Playlists geschätzt. • Gute Weinkarte. Testen Sie das Bier St Mungo.
16 Dowanhill St. | tgl. 12–24 Uhr

TOUR
1
THE GROSVENOR PICTURE THEATRE
Presents
"TALKING" MOVIES
SEE
hear
GLORIOUS
the Lane

TAGESAUSFLUG VON GLASGOW

ISLE OF BUTE

OASE DER RUHE

- **52 km von Glasgow nach Wemyss Bay (50 Min. mit dem Auto). Man erreicht das Fährterminal auch mit dem Zug von Glasgow.**
- **Fähren von Caledonian MacBrayne (www.calmac.co.uk) von Wemyss Bay nach Rothesay, Fahrzeit 35 Min.**
- **Auf der Insel verkehren die Busse von West Coast Motors. www.westcoastmotors.co.uk**
- **Tourist-Info (Isle of Bute Discovery Centre): Victoria Street, Rothesay**

 Die jeweiligen Öffnungszeiten finden Sie im Register ab S. 194.

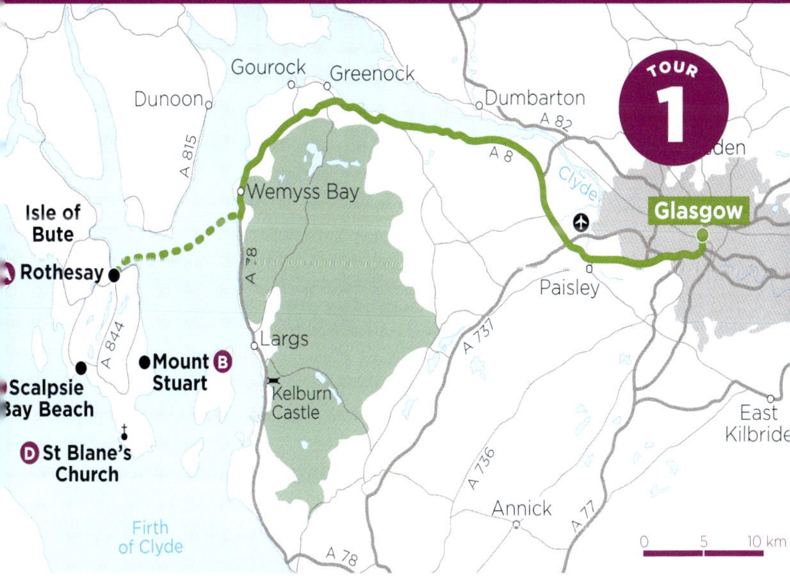

A ROTHESAY

Burg Eintritt

Rothesay ist Ankunftsort der Fähre und ein guter Ausgangspunkt, um die Insel zu erkunden. Verpassen Sie am Hafen nicht die öffentlichen Toiletten, die noch aus viktorianischer Zeit stammen. Alles ist original und alles funktioniert! Die Burg der Stadt, Rothesay Castle, ist eine Ruine und verfügt über einen kreisförmigen Grundriss. Sie gehörte einst den Stuarts. Heute trägt der britische Thronfolger den Titel Herzog von Rothesay.

1 MUSICKER

Rothesay

• Dieses kleine Café, das auch als Musikfachhandel und Buchhandlung fungiert, eignet sich perfekt für ein Mittagessen inmitten von Büchern, Gitarren und Jukeboxen.

11 High St. | Mo–Sa 10–17 Uhr

B MOUNT STUART

km von Rothesay über die A844 | Okt.–März nach Reserv. | Eintritt

Das bemerkenswerte Haus der Markgrafen von Bute wurde Ende des 19. Jhs. wieder aufgebaut und war damals ein hypermodernes Schmuckstück mit Elektrizität, Telefon und einem Aufzug.

C SCALPSIE BAY BEACH

An diesem herrlichen Strand an der Westküste sind noch Verteidigungselemente zu sehen, die während des Zweiten Weltkriegs, als man eine deutsche Invasion befürchtete, errichtet wurden.

D ST BLANE'S CHURCH

Eintritt frei

Die Ruinen der Kirche St Blane (13. Jh.) sind einen Besuch wert. Außerdem findet man die Überreste eines Klosters, das von der frühen Präsenz des Christentums in der Region im 6. Jh. zeugt.

VON GLASGOW ZUM LOCH LOMOND (TARBET)

• Aus praktischen Gründen, insbesondere für den weiteren Verlauf der Tour, schlagen wir eine Fahrt nach Tarbet vor, aber es ist auch möglich, an einem anderen Ort im Loch-Lomond-Nationalpark zu übernachten.

• Auto: 58 km über die A82 (1 Std. reine Fahrzeit)

• Bahn: 1.45 Std. bis zum Bahnhof Arrochar und Tarbet

• Bus: 1.20 Std. (Linie 926, 976)

A BALLOCH

Balloch Castle Country Park

Eintritt frei | ganzjährig geöffnet

In der kleinen Stadt kann man ein Boot besteigen, um den Süden des Loch Lomond zu erkunden. Wer frische Luft schnappen will, besucht den Balloch Castle Country Park über der Stadt.

B THE MAID OF THE LOCH

Balloch | Eintritt frei

Dieser historische Raddampfer hat den Loch Lomond 29 Jahre lang durchquert, bevor er in ein Museum umgewandelt wurde (Geschichte des Schiffes, Modelle des Maschinenraums).

C LUSS

Ein malerisches Dorf, das sich direkt am Ufer des Loch Lomond erstreckt. Besonders sehenswert ist der kleine Friedhof, auf dem sich ein Wikingergrab befindet. Vom Pier aus starten Bootsfahrten.

1 THE COACH HOUSE COFFEE SHOP

• Das hübsche Café, an das ein Souvenirladen angeschlossen ist, liegt in einer Nebenstraße.

• Berühmt für seine riesigen *scones*.

Luss, Church Rd. | tgl. 10–16 Uhr

 Die jeweiligen Öffnungszeiten finden Sie im Register ab S. 194.

TOUR 1
Inverarnan
Loch Voil
Ardlui
A 82
A 84
Loch Lubnaig
Loch Katrine
Inveruglas
Callander
Tarbet
A 83
Loch Venachar
Arrochar
Queen Elizabeth Forest Park
Loch Ard
A 873
L. of Menteith
Loch Long
A 82
A 31
A 811
1 C Luss
Balmaha
Loch Lomond
A 814
Gartocharn
The Maid of the Loch B
Helensburgh
Balloch A
A 809
A 891
Dumbarton
A 82
A 8
Clyde
M 80
Glasgow
M 73
A 761
A 71
A 77
B 737
A 736
0
5
10 km

ETAPPE 3 LOCH LOMOND

UNTERWEGS IM NATIONALPARK

Auto: Vorsicht ist geboten, da die Straßen oft eng und kurvig sind und in den Sommermonaten viel von wenig erfahrenen Autofahrern genutzt werden.
Bus: Das Busnetz ist gut ausgebaut und bietet Verbindungen zu den wichtigsten Städten im Park. Nähere Infos bei den Unternehmen First Bus (www.firstgroup.com) bzw. Citylink (www.citylink.co.uk).
Fahrrad: Im Naturpark wurden zahlreiche Fahrradwege angelegt. Verleihstationen gibt es in Tarbet, Trossachs Pier, Balloch oder Luss.

ÜBERNACHTEN

- Innerhalb des Parks gibt es zahlreiche **Hotels**, **Jugendherbergen** und **Gästehäuser**. Es wird empfohlen, auch außerhalb der Saison zu reservieren, da einige Betriebe in dieser Zeit schließen.
- Es stehen einige **Campingplätze** zur Verfügung, Infos bei den Visitor Centres.
- **Wildcampen** ist im Park erlaubt, allerdings nur in bestimmten Bereichen, und Sie müssen hierfür eine Genehmigung *(camping permit)* erwerben.

BESUCHERZENTREN

Informationen, Beratung, Broschüren, Adressen und Internetzugang

- **Balmaha,** auf dem zentralen Parkplatz, tgl. 9.30–17.30 Uhr, Winter nur Sa, So
Aberfoyle, an der Hauptstraße, Visit Scotland iCentre, April–Okt. tgl. 9.30–17, Nov.–März 10–16 Uhr
- **The Lodge Forest Visitor Centre,** Duke's Pass, Café und tolle Aussicht
- **Balloch,** am Bahnhof, VisitScotland iCentre, tgl. 9.30–17.30, Winter 10–17 Uhr
- **Glen Finglas,** Brig O'Turk, hinter Callander, widmet sich dem Schutz der Wälder, April–Sept. tgl. 10–16 Uhr

TOUR 1

SPORT UND FREIZEIT

- **Wassersport:** An den 22 Seen des Parks können sich Besucher im Kanu- und Kajakfahren, Stand-up-Paddling oder auch im Segeln versuchen. Verleihstationen befinden sich in den größeren Städten (Luss, Balloch, Balmaha etc.).
- **Fahrrad:** Mehrere Fahrradrouten durchziehen den Park. Informationen unter www.lochlomond-trossachs.org/things-to-do/cycling, Fahrradverleih in Tarbet, Trossachs Pier, Balloch oder Luss.

TIPPS

- Wenn Sie im Nationalpark wandern oder zelten wollen, sollten Sie sich gut ausrüsten. Auch wenn die Berggipfel nicht besonders hoch sind, sind einige Wanderungen durchaus kraftraubend. Außerdem ist das **Wetter oft sehr wechselhaft**, und es kann im Freien recht kalt werden.
- Machen Sie kein **Lagerfeuer**.
- Hinterlassen Sie keine **Abfälle** und vielleicht sammeln Sie sogar vor Ort gefundenen Müll ein, um auf diese Weise zum Umweltschutz beizutragen.

NÜTZLICHE LINKS

- Infos zu Wanderrouten und Campingplätzen: **www.lochlomond-trossachs.org**
- Infos zu den Straßenverhältnissen: **http://trafficscotland.org**
- Gästehäuser und Hotels: **www.trossachs.co.uk**

LOCH LOMOND

Auf dem Weg zu den Highlands bietet es sich an, im Nationalpark Loch Lomond & The Trossachs Station zu machen. Es lockt eine üppige Wildnis, die zu zahlreichen Outdoor-Aktivitäten einlädt.

HIGHLIGHTS

- A Loch Lomond & The Trossachs National Park
- B Bootsfahrt auf dem Loch Lomond
- C An Ceann Mòr
- D Queen Elizabeth Forest Park
- E Loch Katrine
- F Loch Voil
- G Balmaha

ADRESSEN

1. The Balloch House
2. Luss Seafood Bar
3. Slanj Restaurant
4. Artisan Cafe
5. The Real Food Cafe
6. Mhor 84
7. Venachar Lochside
8. Mhor Fish
9. The Oak Tree Inn

TOUR 1
Bridge of Orchy
Killin
Tyndrum 4
5
A 85
A 82
Crianlarich
Lochearnhead
St Fillans
Loch Earn
Falls of Falloch
River Falloch
6 Balquhidder
Monachyle
Inverlochlarig
F Loch Voil
Strathyre
A 82
Ardlui
A Loch Lomond & The Trossachs National Park
Loch Lubnaig
Ben Ledi
C An Ceann Mòr
Stronachlachar
E Loch Katrine
Bracklinn Falls
Inversnaid
Ben A'an
Callander 8
7
A 83
Arrochar
3 Tarbet
Dukes' Pass
Loch Venachar
Port of Menteith
A 84
Ardgatan
Loch Ard
Loch Long
Aberfoyle
D Queen Elizabeth Forest Park
A 82
A 81
Conic Hill 361 m
A 811
2 Luss
Balmaha G 9
B Bootsfahrt auf dem Loch Lomond
Drymen
A 814
A 811
A 81
A 809
Helensburgh
Balloch 1
0 5 10 km
ourock
A 82
A 8

LOCH LOMOND

HIGHLIGHTS

A LOCH LOMOND & THE TROSSACHS NATIONAL PARK

Dieser sehr beliebte Nationalpark wurde 2002 eingerichtet. Hier ist man von Gipfeln, Seen und Wäldern umgeben. Die urwüchsige Natur bietet zahlreiche Möglichkeiten für Outdoor-Aktivitäten (Camping, Wandern, Golf, Bergsteigen, Radfahren, Bootstouren usw.) oder einfach nur den perfekten Rahmen für einen Tag voller Abwechslung. Und wenn Sie einen atemberaubenden Ausblick auf den gesamten Park und seine üppige Vegetation haben möchten, dann besteigen Sie den Mount Ben A'an. Er ist einer der am leichtesten zugänglichen Gipfel Schottlands (3,7 km, 3 Std. Wanderung). Bitte beachten Sie, dass die Pflanzen- und Tierarten im Park streng geschützt sind.

B BOOTSFAHRT AUF DEM LOCH LOMOND

Nov.–März geschl. | Eintritt | www.cruiselochlomond.co.uk

Um den Loch Lomond von Anfang bis Ende zu erkunden, bieten sich Bootsfahrten ab Luss, Balloch oder Balmaha an. Diese rund eine Stunde dauernden Touren werden auf Englisch kommentiert, wobei Sie mehr über den See und die Region erfahren (Broschüren auf Deutsch). Wenn Sie einfach nur von einem Hafen zum anderen fahren möchten, sollten Sie den *waterbus* nehmen (www.sweeneyscruiseco.com, kostenpflichtig).

C AN CEANN MÒR

Auch als Inveruglas Pyramid bekannt | Parkgebühr

Diese 8 m hohe Holzkonstruktion bietet auf ihrem höchsten Punkt einen schönen Panoramablick auf den Loch Lomond (Zugang über Stufen) – ein eigenwilliges begehbares Kunstwerk.

 Die jeweiligen Öffnungszeiten finden Sie im Register ab S. 194.

TOUR 1

LOCH LOMOND

HIGHLIGHTS

D QUEEN ELIZABETH FOREST PARK

Informationen im Lodge Forest Visitor Centre (S. 82)

Dieser große Naturpark befindet sich im östlichen Teil des Loch-Lomond-Nationalparks und umschließt den Strathyre Forest, den Achray Forest und den Loch Ard Forest sowie einen Teil des Loch Lomond und des Loch Achray. Auch wenn er kreuz und quer von zahlreichen Spazierwegen durchzogen ist, empfehlen wir Ihnen zwei Wanderungen:

- **Sallochy Trail,** eine Waldwanderung in luftiger Höhe am Loch Lomond (2 Std., 4 km). Einstieg am Sallochy Car Park, hinter Balmaha.
- **Leannach Forest Circuit,** ein 8 km langer Rundweg mit schönen Ausblicken auf den Berg Ben A'an. Start vom Leannach Car Park in der Nähe von Aberfoyle.

E LOCH KATRINE

Abfahrt der Ausflugsboote am Trossachs Pier

Abseits der Hauptstraßen liegt dieser 13 km lange See von beeindruckender Schönheit, der vom Romanautor Sir Walter Scott 1810 in seinem Gedicht *The Lady of the Lake*, die auf einem Eiland auf dem See lebte, verewigt wurde. Heute dient er auch als Trinkwasserquelle für die Metropole Glasgow. Sie können Loch Katrine unter anderem auf einer Fahrt mit den 120 Jahre alten Motorbooten erkunden (Reservierung erforderlich).

F LOCH VOIL

Ein weiterer herrlicher und ruhiger See, an dessen Ufer man im Dorf Balquhidder das Grab des schottischen Helden Rob Roy bewundern kann. Er ist über eine einspurige Straße zu erreichen.

G BALMAHA

Aufstieg zum Conic Hill in 3 Std. (hin und zurück) | Parkgebühr

Der Weiler Balmaha ist vor allem ein guter Ausgangspunkt für diejenigen, die den **Conic Hill** (361 m) besteigen möchten, von dessen Gipfel man einen fantastischen Blick auf Loch Lomond hat. In der warmen Jahreszeit können Sie am Boatyard (links nach dem Pub The Oak Tree) das kleine Boot der McFarlanes mieten, um die hübsche kleine Insel Inchcailloch zu entdecken. Die Inselumrundung dauert etwa zwei Stunden.

LOCH LOMOND

ADRESSEN

1 THE BALLOCH HOUSE
Balloch

- Schönes authentisches Gebäude aus dem 18. Jh.
- Sehr umfangreiche Speisekarte und *Sunday roast* am Sonntag (Fleischbraten mit Gemüse).

Balloch Rd. | Mo–Fr 7–23, Sa, So 8–23 Uhr

2 LUSS SEAFOOD BAR
Luss

- Hier werden geräucherter Lachs und Muscheln aus der benachbarten Räucherei serviert.
- Fish & Chips, Muscheln, Krabben, Hummer etc.

Church Rd. | März–Okt. tgl. 9–21 Uhr

3 SLANJ RESTAURANT
Tarbet

- Pub mit netter Atmosphäre, klassische Karte (Pizzas, Burger usw.).
- Gepflegter Service von morgens bis abends.
- Manchmal Livemusik.

Station Rd. | tgl. 12–22 Uhr, Weihnachten–Jan. geschl.

4 ARTISAN CAFE
Tyndrum

»Versteckt in einer ehemaligen Kirche serviert das Lokal frische und leckere Gerichte, darunter gehaltvolle Suppen und liebevoll gebackene Kuchen.«

Old Church Rd. | tgl. 10–16 Uhr, Winter Di, Mi geschl.

OCH LOMOND

DRESSEN

5 THE REAL FOOD CAFE
Tyndrum

• In Form von Fast Food bietet dieses Café eine gute Auswahl an Gerichten. • Probieren Sie die *fish chowder*, eine typische traditionelle Fischsuppe.
An der Hauptstraße | tgl. 7.30–20, Sommer bis 21 Uhr

6 MHOR 84
Balquhider

• Merkwürdige Dekoration zwischen Altmaterial und moderner Kunst. • Schöne Weinkarte und gute Auswahl an Steaks. • Auch das angrenzende Hotel ist sehr renommiert.
84 Kingshouse | tgl. 8–21 Uhr

7 VENACHAR LOCHSIDE
Callander

• Ein toller Ort, um am Loch Venachar lokale Gerichte zu probieren. • Gute Auswahl an Fisch und Meeresfrüchten.
Zwischen Callander und Brig O'Turk | tgl. 10–17, Küche 12–16 Uhr

8 MHOR FISH
Callander

• Die Spezialität des Hauses ist Fish & Chips. • Weitere Speisen auf der Karte: Biolachs, Blutwurst, geräucherte Wurst.
75–77 Main St. | tgl. 12–20 Uhr, wechselnde Zeiten, Nov.–März nur Take-away

9 THE OAK TREE INN
Balmaha

• Vor allem von den Wanderern auf dem West Highland Way besucht. • Es gibt verschiedene Bereiche: Bar, Speisesaal, Terrasse. Serviert werden klassische Gerichte.
Tgl. 8–22 Uhr

VOM LOCH LOMOND NACH OBAN

- **Auto: 140 km (2.20 Std. reine Fahrzeit)**
- **Bus: ca. 3.30 Std., umsteigen in Kilmartin**
- **Bahn: Direktzug von Tarbet nach Oban (ca. 2 Std.)**

A INVERARAY

Schloss und Gärten Eintritt | Nov.–März geschl.

Dieses Fischerdorf aus dem 18. Jh. sollten Sie nicht verpassen. Schlendern Sie durch die wenigen Hauptstraßen, die von weißen und schwarzen Häusern gesäumt sind. Der Besuch von Inveraray Castle ist ein Vergnügen. Es ist der Sitz des Herzogs von Argyle – Oberhaupt des Campbell-Clans, der hier noch immer lebt. Im Zentrum kann man das alte Gerichtsgebäude und das angrenzende Gefängnis, das bis 1889 in Betrieb war, besichtigen.

1 BRAMBLES CAFÉ

Inveraray

- Café mit einfacher lokaler Speisekarte, es gibt Fisch- und Meeresfrüchteteller zum Teilen.
- Die Wände zieren Werke lokaler Künstler.

5 Main St. | Sommer tgl. 8–17, Winter 8–16 Uhr

B KILMARTIN GLEN

12 km nördl. von Lochgilphead | Museum Eintritt | Jan., Feb. geschl.

Mit den rund 350 über 5000 Jahre alten Monumenten, die hier verstreut liegen, ist dieser Ort von großer historischer Bedeutung. Man stößt auf Megalithanlagen, Grabhügel, Menhire und Steinkreise. Im Dorfmuseum können Sie dann Ihre Eindrücke vertiefen. Viele Stätten, wie die Kreise von Temple Wood, sind zu Fuß erreichbar – ein interessanter archäologischer Einblick in die rituellen Praktiken der Vorfahren der Schotten.

C ARDUAINE GARDEN

Eintritt | 25. Dez.–2. Jan. geschl.

Dieser Garten wurde 1903 angelegt und verfügt über eine großartige Sammlung verschiedenster Blumen aus aller Welt. Folgen Sie dem blauen Weg (45 Min.) oder dem orangefarbenen Weg (30 Min.).

 Die jeweiligen Öffnungszeiten finden Sie im Register ab S. 194.

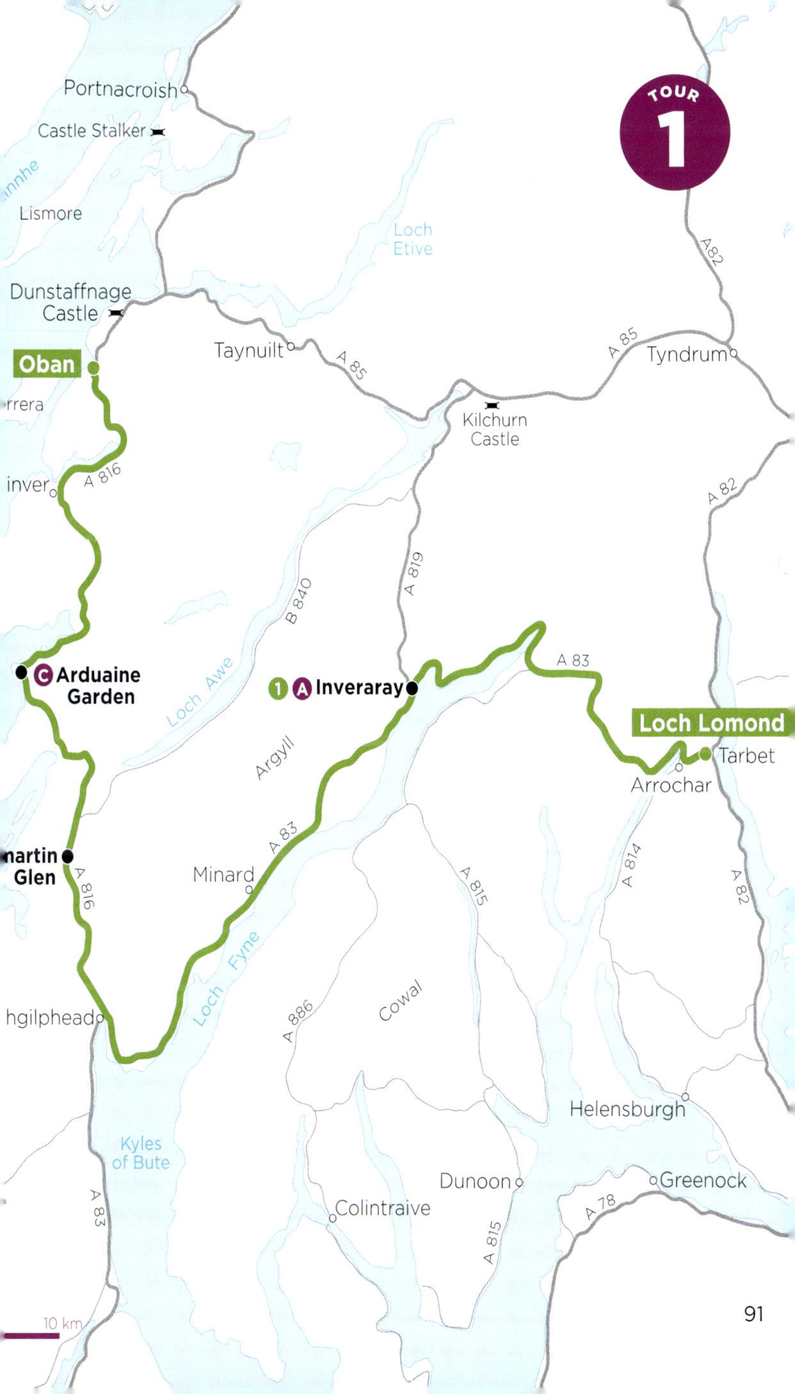
TOUR 1
Portnacroish
Castle Stalker
Lismore
Loch Etive
Dunstaffnage Castle
Oban
Taynuilt
A 85
Tyndrum
A82
Kilchurn Castle
A 816
A 82
A 819
B 840
Arduaine Garden
Loch Awe
Inveraray
A 83
Loch Lomond
Tarbet
Arrochar
Argyll
Minard
A 814
A 815
Loch Fyne
Cowal
A 886
Helensburgh
Kyles of Bute
Dunoon
Greenock
Colintraive
A 78
10 km

ETAPPE 4 OBAN UND DIE INSELN

VON OBAN AUF DIE INSELN

Oban ist ein idealer Zwischenstopp auf dem Weg zu den westlichen Inseln (Mull, Iona, Staffa etc.). Von hier aus verkehrt die Fähre nach Mull.
Mull: Die Fähre Oban–Craignure wird von CalMac (www.calmac.co.uk) betrieben; 7–10 Fahrten/Tag im Sommer, 3–6 Fahrten/Tag im Winter, 50 Min. Überfahrt.
Die Anreise nach Mull ist auch über Fionnphort (Staffa Tours) oder Ulva Ferry (Turus Mara) möglich.
Iona: Fußgängerfähre von Fionnphort, südl. von Mull; 10 Min. Überfahrt
Gut zu wissen: Es ist nicht möglich, das Auto nach Iona mitzuführen.

INFOS & ADRESSEN

VisitScotland iCentre Oban:
3 North Pier, Nov.–März Mo–Sa 10–17, So 11–15, April, Mai, Okt. Mo–Sa 9–17, So 10–17, Juni, Sept. Mo–Sa 9–18, So 10–17, Juli, Aug. Mo–Sa 9–19, So 10–17 Uhr
VisitScotland iCentre Mull:
Craignure, Nov.–März Mo 9–17, Di–Sa 8.30–17, So 10–17, April–Juni, Sept., Okt. Mo 8.30–17, Di–Sa 8.30–17, So 10–17, Juli, Aug. Mo 9–18.15, Di–Sa 8.15–18.15, So 10–18.15 Uhr
www.visitscotland.com

UNTERWEGS

Oban: In der kleinen Stadt lässt sich alles zu Fuß erledigen.
Mull: Das Unternehmen West Coast Motors betreibt drei Buslinien auf der Insel: Craignure–Salen–Tobermory, Craignure–Pennyghael–Bunessan–Fionnphort und Tobermory–Dervaig–Calgary.

RESERVIERUNG

Fähre: Buchen Sie im Sommer die Fähre zu den Inseln unbedingt im Voraus, besonders wenn Sie mit dem Auto unterwegs sind (begrenzte Platzzahl).
Übernachten: Die Unterkünfte sind knapp, reservieren Sie in der Hochsaison rechtzeitig – vor allem, wenn Sie auf Mull oder Iona bleiben wollen.

TOUR
1

OBAN UND DIE INSELN

OBAN

In der nach Westen ausgerichteten Kleinstadt Oban befindet sich das Fährterminal zu den umliegenden Inseln. Am Ende des Tages finden Sie hier tolle Pubs und Fischrestaurants.

HIGHLIGHTS

- A McCaig's Tower
- B Oban Distillery
- C Dunollie Castle
- D Fahrradausflug

ADRESSEN

1. The Oban Seafood Hut
2. Coast Restaurant
3. The Waterfront Fishhouse
4. Oban Chocolate Company
5. Cuan Mór
6. The Little Potting Shed Cafe
7. The Oban Inn

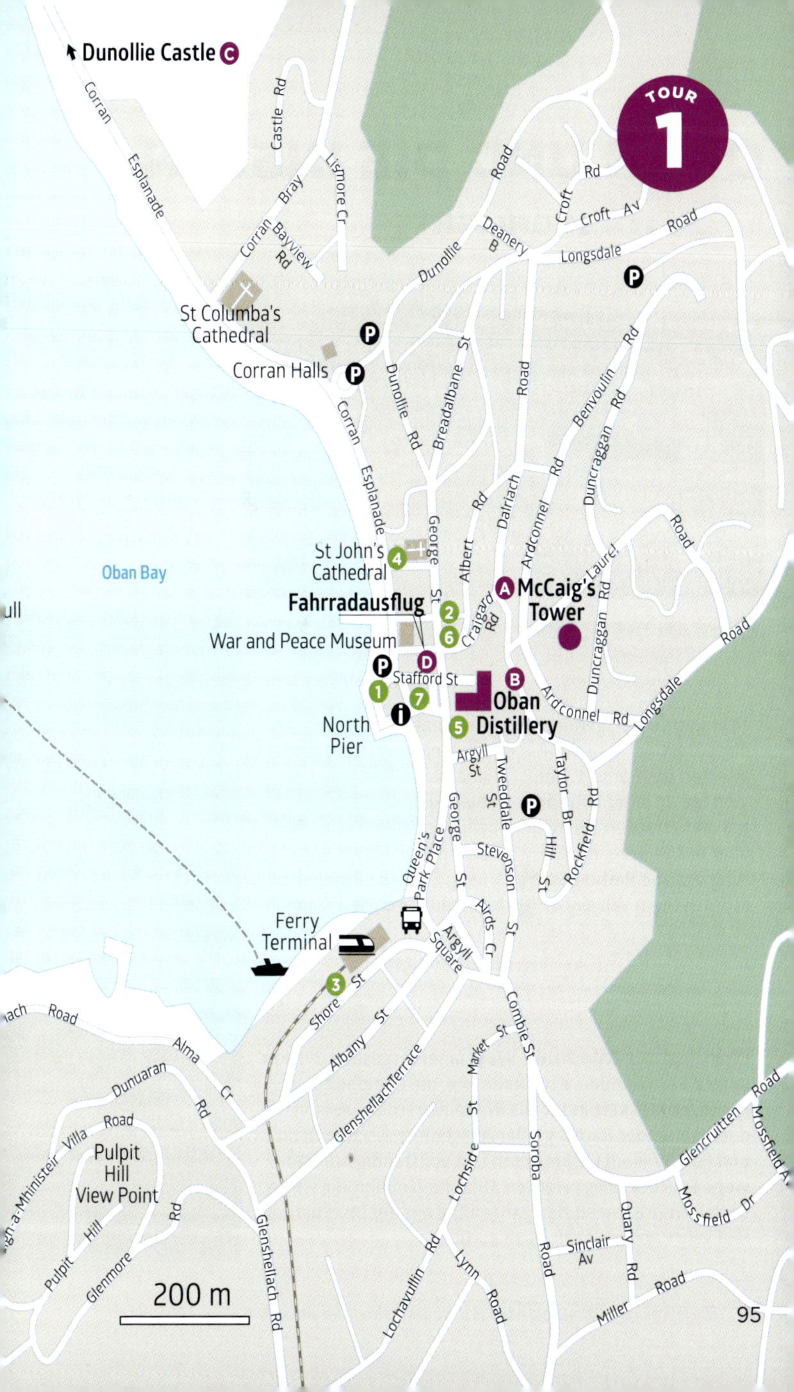

Dunollie Castle C
TOUR 1
St Columba's Cathedral
Corran Halls
St John's Cathedral
Oban Bay
Fahrradausflug
War and Peace Museum
McCaig's Tower
Oban Distillery
North Pier
Ferry Terminal
Pulpit Hill View Point
200 m
Corran Esplanade
Castle Rd
Lismore Cr
Bray
Bayview Rd
Dunollie Road
Deanery B
Croft Rd
Croft Av
Longsdale Road
Dunollie Rd
Breadalbane St
Benvoulin Rd
Duncraggan Rd
George St
Albert Rd
Dalriach Road
Ardconnel Rd
Laurel Road
Craigard Rd
Stafford St
Argyll St
Tweeddale St
Taylor Br
Hill St
Rockfield Rd
Stevenson St
Queen's Park Place
Airds Cr
Argyll Square
Shore St
Albany St
Alma Cr
Dunuaran Rd
Villa Road
Glenshellach Terrace
Market St
Combie St
Lochside St
Soroba Road
Glencruitten Road
Mossfield Dr
Quary Rd
Sinclair Av
Miller Road
Lynn Road
Lochavullin Rd
Glenshellach Rd
Glenmore Rd
Pulpit Hill

OBAN UND DIE INSELN

OBAN HIGHLIGHTS

A MCCAIG'S TOWER

Frei zugänglich | Start der Wanderung an der Craigard Roa

Dieser Turm aus Granitarkaden wurde Ende des 19. Jhs. von einem Bankier erbaut, der den Arbeitern im Winter Jobs verschaffen wollte. Er bietet einen herrlichen Blick auf die Bucht von Oban.

B OBAN DISTILLERY

Stafford St. | Führungen kostenpfl.

1794 gegründet, gehört diese Destillerie zu den ältesten des Landes. Nehmen Sie an einer Führung teil und erfahren Sie mehr über das Mälzen, die Gärung und die Reifung von schottischem Whisky.

C DUNOLLIE CASTLE

2 km nördl. von Oban | Nov.–März geschl. | Eintritt

Am Ende der Corran Esplanade verführt die ehemalige Festung des MacDougall-Clans vor allem zu einem schönen Bummel am Meer entlang. Einzelne Abschnitte führen durch den Wald.

D FAHRRADAUSFLUG

Fahrradverleih bei Oban Cycles (87 George St.)

Oban liegt am **Caledonia Way**, einer insgesamt 375 km langen Fernwander- bzw. Radroute, die Campbeltown mit Inverness verbindet (als Routenvorschlag, aber kein durchgehender Radweg). Der Abschnitt zwischen Oban und Fort William (77 km) kann fast vollständig auf Radwegen zurückgelegt werden. Oder man nimmt die Fähre nach Lismore, radelt den ganzen Tag auf der Insel herum und kehrt abends nach Oban zurück.

TOUR 1

OBAN UND DIE INSELN

OBAN ADRESSEN

1 THE OBAN SEAFOOD HUT

»In dieser kleinen Hütte werden frische Meeresfrüchte serviert. Man isst im Freien, während man die herrliche Oban-Bucht bewundert.«

Calmac Pier | März–Okt. tgl. 10–18 Uhr

2 COAST RESTAURANT

- Kleine Portionen, aber sehr freundlicher Service.
- Es gibt z. B. in Whisky geräucherten Lachs oder Heilbuttfilets mit Kruste.

104 George St. | Di–Sa 12–14, 17.30–21 Uhr, Weihnachten–Jan. geschl.

3 THE WATERFRONT FISHHOUSE

- Fisch und Meeresfrüchte stehen hier klar im Mittelpunkt, und man genießt den Blick auf den Hafen.
- Austern naturbelassen, gegrillt oder frittiert!

Railway Pier | tgl. 12–14, 17.30–21 Uhr

4 OBAN CHOCOLATE COMPANY

»Nach einem ausgedehnten Spaziergang ist es eine wahre Freude, hier eine heiße Schokolade zu trinken oder von den Pralinen zu naschen.«

34 Corran Esplanade | tgl. 10–17, Juli, Aug. bis 21 Uhr (Bild)

5 CUAN MÓR

- Großzügige Platten mit Meeresfrüchten.
- Am Freitag steigt der Fish-&-Chips-Abend.
- Rund 100 Whiskysorten stehen zur Auswahl.

60 George St. | tgl. 12–21.30 Uhr

6 THE LITTLE POTTING SHED CAFE

- Gemütliches Café, das von den Einheimischen sehr geschätzt wird.
- Zu 100 % vegetarische Speisen, außerdem sind vegane und glutenfreie Optionen im Angebot.

5 John St. | tgl. 9–17 Uhr

7 THE OBAN INN

- Traditioneller Pub mit holzgetäfelter Inneneinrichtung und einem großen Whiskysortiment.
- Im Obergeschoss finden fast jeden Abend Musikveranstaltungen statt.

1 Stafford St. | tgl. 11–1 Uhr

OBAN UND DIE INSELN
KERRERA, MULL, IONA ...

Mull ist eine Insel mit einem gebirgigen Inneren sowie tiefen Seen, die herrliche Fotomotive bieten. Die kleineren Inseln Iona, Staffa und Ulva lassen sich gut auf Tagesausflügen entdecken.

SEHENSWERTES

- A Kerrera
- B Mull
- C Iona
- D Staffa
- E Ulva

ADRESSEN

1. Arlene's Coffee Shop
2. Craignure Inn
3. Tobermory Scullery
4. The Mishnish Bar
5. Isle of Mull Cheese
6. Heritage Gardens Cafe

TOUR 1
Eigg
Muck
Glenfinnan
Castle Tioram
Loch Shiel
Ardnamurchan
Salen
Kilchoan
Loch Sunart
Inversanda
3 4 5 Tobermory
Drimnin
Claggan
Loch Linnhe
Castle Stalker
Salen
Lochaline
A 849
Loch Tuath
Ulva Ferry
E Ulva
Lismore
A 828
1 2 Craignure
D Staffa
B Mull
Duarte Castle
Oban
A 849
A Kerrera
na
Loch Scridain
nnphort
A 849
Kilninver
Ross of Mull
Firth of Lorn
Balvicar
A 816
Îles d'Ardoise
Arduaine Garden
Loch Awe
Colonsay
Kilmartin
A 816
Crinan
Jura
10
20 km

OBAN UND DIE INSELN

DIE INSELN SEHENSWERTES

A KERRERA

Anfahrt mit der Fähre von Gallanach

Diese kleine Insel vor der Küste von Oban ist ein Eldorado für Wanderer und Liebhaber schöner Strände und durch eine Fähre mit dem Festland verbunden. An der Südspitze steht Castle Gylen.

B MULL

Duart Castle Eintritt, Mull Museum Eintritt frei | Nov.–März geschl. Ross of Mull über die A 849 zum Loch Scridain und nach Fionnphor

Tobermory ist eine charmante, farbenfrohe Hafenstadt im Norden. Besuchen Sie das Mull Museum, um mehr über die Vergangenheit der Region und die örtliche Brennerei zu erfahren. Im Osten der Insel erhebt sich das **Duart Castle**. Der Wohnsitz des Oberhaupts des MacLean-Clans wurde nach bewegter Geschichte im 20. Jh. wieder aufgebaut. Im Südwesten bietet die Halbinsel **Ross of Mull** einen herrlichen Blick auf die Küste.

C IONA

Mit der Personenfähre von Fionnphort | kostenpfl.

Iona ist für die schottische Christianisierung von großer Bedeutung. Im Jahr 563 landete der irische Missionar Columban auf der Insel und verbreitete anschließend die heilige Schrift. Besuchen Sie vor allem die frühgotische Abtei (Eintritt), die in Teilen aus dem 7. Jh. stammt, den Friedhof von St Oran (frei zugänglich) oder die Ruinen des Augustinerklosters, die Nunnery (frei zugänglich), mit ihren fotogenen Arkaden.

D STAFFA

Mit der Fähre von Fionnphort oder Ulva Ferry | kostenpfl.

Ein Tagesausflug führt Sie zu dieser unbewohnten Vulkaninsel, die von unzähligen Vögeln besiedelt wird. Sehenswert sind auch die Basaltsäulen, die sich vor 60 Mio. Jahren gebildet haben.

E ULVA

Mit der Fähre von Ulva Ferry | kostenpfl.

Diese kleine Insel, die 2018 von ihren Bewohnern von der Familie Howard zurückgekauft wurde, hat viele gut ausgeschilderte Wanderwege. Außerdem gibt es mehrere Hünengräber und Menhire.

 Die jeweiligen Öffnungszeiten finden Sie im Register ab S. 194.

DIE INSELN ADRESSEN

1 ARLENE'S COFFEE SHOP
Mull

- Dieses kleine Café bietet alles, um sich aufzuwärmen und etwas zu essen.
- Geführt von einer Mutter und einer Tochter, die beide eine Leidenschaft für Schokolade haben.

Craignure | Mo–Sa 10–15 Uhr

2 CRAIGNURE INN
Mull

- Kleine, unprätentiöse Kneipe der Einheimischen mit Sicht auf den Hafen.
- Einfache Speisekarte mit lokalen Gerichten.
- Auch Zimmer verfügbar.

Craignure | Winter tgl. 12–21, Sommer 12–24 Uhr

3 TOBERMORY SCULLERY
Mull

- Mit Blick auf das Meer serviert dieses Lokal einfache, schnelle Gerichte sowie gute hausgemachte Konditorwaren.
- Familiäre Atmosphäre.

10 Main St., Tobermory | Mo–Do 8–17, Fr, Sa 8–20 Uhr

4 THE MISHNISH BAR
Mull

- Bei zahlreichen abendlichen Veranstaltungen kann man sich unter die Einheimischen mischen.
- Kaminfeuer und Fässer als Sitzgelegenheiten.

Main St., Tobermory | tgl. 11–1 Uhr

5 ISLE OF MULL CHEESE
Mull

»Dieser Bauernhof, der guten Käse herstellt, hat ein einzigartiges Café eröffnet. Ich mag das wunderschöne Glasdach und die riesigen Pflanzen.«

Sgriob-ruadh Farm, Tobermory | Di–Sa 10–16.30 Uhr

6 HERITAGE GARDENS CAFE
Iona

- Kleines, unkompliziertes Café mit Terrasse und einem schönen Garten.
- Im Mittelpunkt stehen Suppen und Meeresfrüchte der Saison.

Nahe der Kirche | tgl. 9–15.30 Uhr

VON OBAN NACH FORT WILLIAM

- **Auto: 75 km (ca. 1.30 Std. reine Fahrzeit)**
- **Bus: Linie 918 (ca. 1.30 Std.)**

A DUNSTAFFNAGE CASTLE

Dunbeg | Eintritt

Diese Burgruine aus dem 13. Jh., erbaut von den MacDougalls, liegt am Ufer des Loch Etive. Erkunden Sie die Verteidigungsanlagen dieses einzigartigen Gebäudes (Okt.–März Do, Fr geschl.).

B CASTLE STALKER

Port Appin | Eintritt | Okt.–März geschl.

Auf einer kleinen felsigen Gezeiteninsel in der Bucht Loch Laich, die bei Ebbe zu Fuß erreichbar ist, erhebt sich dieses Tower House (Turmhaus). Seine heutige Form mit Erdgeschoss, zwei Obergeschossen und einem Dachgeschoss mit gedecktem Wehrgang stammt aus dem Jahr 1440. Es gibt nur eine geführte Tour pro Tag, bei der man mit dem Boot zur Burg gelangt – ein großartiges Fotomotiv, vor allem bei Sonnenuntergang.

1 CASTLE STALKER VIEW CAFE

Appin

- Das Café bietet einen atemberaubenden Blick auf Castle Stalker.
- Mit Souvenirladen und einem Sortiment von lokalen Produkten.

Gegenüber der Burg | April–Okt. tgl. 9.30–17 Uhr, Winter kürzer

2 THE FOUR SEASONS

Inchree

- Ein örtliches Pub unweit des Hafens von Corran.
- Hier werden die Pub-Klassiker serviert: Fleischpasteten, mit Haggis gefülltes Hühnchen etc.

Righ Crescent | tgl. 18–23 Uhr, Winter kürzer

 Die jeweiligen Öffnungszeiten finden Sie im Register ab S. 194.

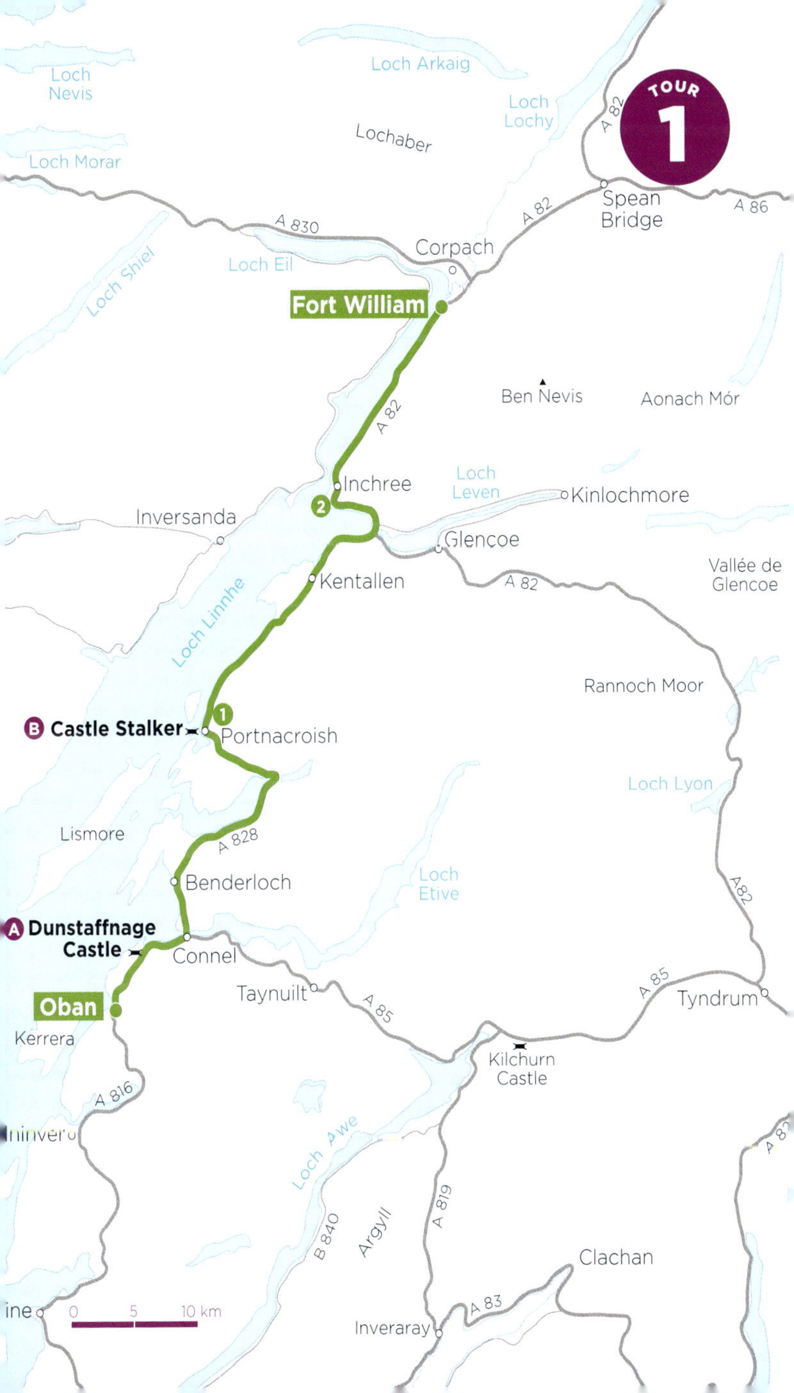

TOUR 1
Loch Nevis
Loch Arkaig
Loch Lochy
Lochaber
Loch Morar
A 82
Spean Bridge
A 86
A 830
Corpach
Loch Shiel
Loch Eil
Fort William
Ben Nevis
Aonach Mór
Inchree
Loch Leven
Kinlochmore
Inversanda
Glencoe
Kentallen
Vallée de Glencoe
Loch Linnhe
Rannoch Moor
B Castle Stalker
Portnacroish
Loch Lyon
Lismore
A 828
Benderloch
Loch Etive
A82
A Dunstaffnage Castle
Connel
Taynuilt
A 85
Tyndrum
Oban
Kerrera
Kilchurn Castle
A 816
Loch Awe
A 819
B 840
Argyll
Clachan
A 83
Inveraray
0 5 10 km

ETAPPE 5 FORT WILLIAM UND UMGEBUNG

UNTERWEGS IN FORT WILLIAM UND UMGEBUNG

Auto: Das Auto ist sicher das bequemste Mittel, um die Region zu bereisen. Seien Sie vorsichtig auf den engen Straßen.
Bus: Linie 914 von Scottish City Link (www.citylink.co.uk) fährt drei- bis viermal täglich von Glasgow über Glencoe nach Fort William. Von Fort William aus gelangen Sie mit den Bussen von Shiel (www.shielbuses.co.uk) nach Glencoe, Kinlochleven oder zur Talstation der Gondelbahn auf die Nevis Range.
Fähre: 14 km südlich von Fort William können Sie mit der Corran Ferry alle 30 Min. von einem Ufer des Loch Linnhe zum anderen übersetzen (kostenlos für Fußgänger).
Zu Fuß: Fort William ist eine kleine Stadt, die man gut zu Fuß durchstreifen kann.

RESERVIERUNG

Übernachten: Fort William ist ein guter Stützpunkt für Besucher der Region, es gibt zahlreiche Hotels und Jugendherbergen. Buchen Sie rechtzeitig, die Preise steigen schnell.

INFOS & ADRESSEN

iCentre VisitScotland Fort William: 15 High St., Sommer Mo–Sa 9–18, So 10–17, Winter Mo–Mi, Fr, Sa 9–17, Do 10–17, So 10–15 Uhr
Ben Nevis Visitor Centre: Glen Nevis, an der C1162, Sommer tgl. 8.30–18, Juli, Aug. bis 19, Winter tgl. 9–14.30 Uhr
Glencoe Visitor Centre: Ballachulish, März–Okt. tgl. 9–18, Nov.–Feb. tgl. 9.30–16 Uhr

ACHTUNG!

Wanderungen: Touren rund um Fort William erfordern eine seriöse Ausrüstung und ein Mindestmaß an Vorbereitung.
Ben Nevis: Der Aufstieg zum Ben Nevis, dem höchsten Berg Schottlands, ist schwierig. Auf dem Gipfel ist es rund 10 °C kälter als im Tal, es ist oft neblig und regnerisch, und es gibt kein Mobilfunknetz. Stürzen Sie sich nicht unvorbereitet in das Abenteuer.
Autofahren im Winter: Die Straßen können glatt sein und sind bei schlechter Witterung oft für den Verkehr gesperrt; Infos unter http://trafficscotland.org

TOUR
1

FORT WILLIAM UND UMGEBUNG

Fort William ist zwar keine Schönheit, aber man findet hier alles, was man braucht, um die Umgebung zu erkunden und die Highlands zu erobern. Das perfekte Basislager!

HIGHLIGHTS

- A Fort William
- B Glen Nevis
- C Ben Nevis
- D Gondelbahn auf den Aonach Mòr
- E Tal von Glen Coe
- F Wanderung im Lost Valley
- G Glencoe

ADRESSEN

1. The Wildcat
2. The Geographer
3. Garrison West
4. The Crofter
5. The Lime Tree
6. The Great Glen
7. Ben Nevis Bar
8. The Grog & Gruel
9. The Volunteer Arms
10. Highland Soap Company

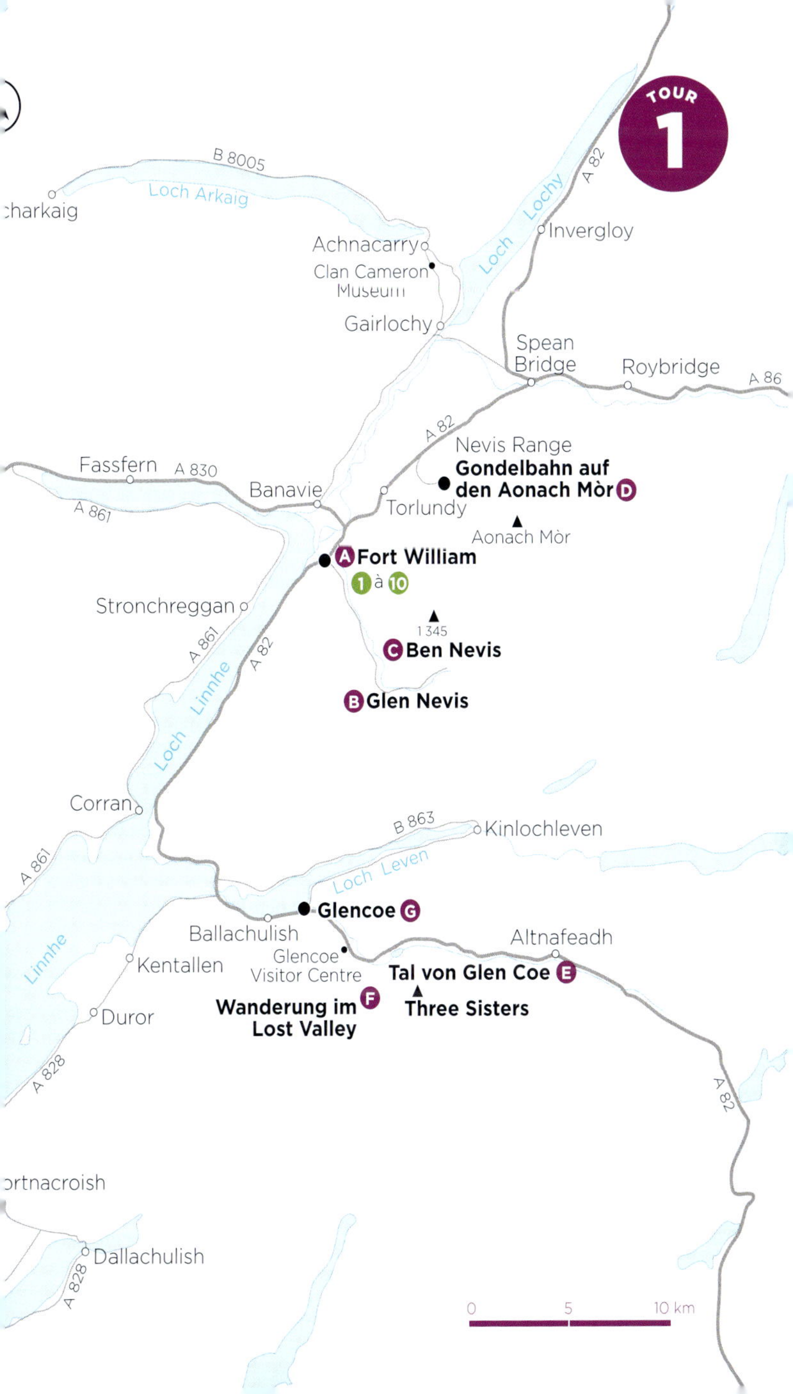
TOUR 1
B 8005
Loch Arkaig
charkaig
Achnacarry
Clan Cameron Museum
Gairlochy
Loch Lochy
A 82
Invergloy
Spean Bridge
Roybridge
A 86
A 82
Nevis Range
Gondelbahn auf den Aonach Mòr D
Fassfern
A 830
A 861
Banavie
Torlundy
Aonach Mòr
A Fort William
1 à 10
Stronchreggan
A 861
A 82
1 345
C Ben Nevis
B Glen Nevis
Loch Linnhe
Corran
B 863
Kinlochleven
Loch Leven
A 861
Glencoe G
Ballachulish
Altnafeadh
Linnhe
Kentallen
Glencoe Visitor Centre
Tal von Glen Coe E
Wanderung im Lost Valley F
Three Sisters
Duror
A 828
A 82
ortnacroish
Dallachulish
A 828
0
5
10 km

FORT WILLIAM UND UMGEBUNG HIGHLIGHTS

A FORT WILLIAM

West Highland Museum Eintritt frei | Sept.–Juni So geschl.

Fort William ist nach einem militärischen Fort benannt, das 1864 zerstört wurde. Das kleine Stadtzentrum ist rund um die High Street angeordnet. In Fort William gibt es auch ein Museum, das **West Highland Museum**, das über die bewegte Geschichte der Region informiert. So wurden etwa britische Elitekommandos während des Zweiten Weltkriegs in Achnacarry, einem Trainingszentrum nördlich von Fort William, ausgebildet.

B GLEN NEVIS

Glen Nevis ist eines der spektakulärsten Täler der Highlands und wird vom River Nevis durchflossen. Es ist ein beliebtes Wandergebiet. So kann man etwa das Auto am Parkplatz Upper Glen Nevis abstellen und dann zu einem Aussichtspunkt wandern, von dem sich die **Steall Falls**, ein beeindruckender Wasserfall, bestaunen lassen (3 km, 2 Std. hin und zurück). Das Tal diente auch als Kulisse für *Harry Potter*-Filme und *Highlander*.

C BEN NEVIS

Geführte Wanderung (nur auf Englisch) | Boutique Ellis Birgham Mo–Sa 8.30–18.30, So 9.30–17.30 Uhr

Der Ben Nevis, Schottlands höchster Berg (1345 m), thront über einem kargen, aber erhabenen Massiv, das bei gutem Wetter einen atemberaubenden Blick auf die Highlands bietet. Der Ben Nevis Mountain Track dauert acht Stunden hin und zurück. Es wird empfohlen, an einer geführten Wanderung teilzunehmen (Infos im Ben Nevis Visitor Centre, S. 104). Ausrüstung kann im Ellis Birgham Shop (Belford Road, Fort William) gemietet werden.

FORT WILLIAM UND UMGEBUNG HIGHLIGHTS

TOUR 1

D GONDELBAHN AUF DEN AONACH MÒR

Abfahrt an der Nevis Range Base Station | Gondelbahn kostenpflichtig

Die Seilbahn bringt Besucher auf eine Höhe von 650 m am Fuß des Gipfels Aonach Mòr (Großer Berg auf Gälisch) mit dem Skigebiet Nevis Range. Es gibt zwei gut markierte Wanderwege: nach Norden zum Sgurr Finniosgaig (40 Min. hin und zurück) mit schönem Panoramablick auf Loch Lochy oder nach Westen zum Aussichtspunkt Meall Beag (1 Std. hin und zurück) mit Sicht auf Fort William, Ben Nevis und Loch Eil.

E TAL VON GLEN COE

Glencoe Visitor Centre in Ballachulish | Parkgebühr

Dieses Tal ist wahrscheinlich das berühmteste in ganz Schottland und wurde vor 2 Mio. Jahren von Gletschern geformt. Auf der Leinwand ist es in den Filmen *Skyfall* und *Braveheart* oder in der TV-Serie *Outlander* zu sehen. Das Visitor Centre beherbergt eine Ausstellung zur Geologie der Region und ein Café. Das Auto kann man auf dem Parkplatz am Fuß der **Three Sisters**, drei beeindruckenden Vulkangipfeln, abstellen.

F WANDERUNG IM LOST VALLEY

Three Sisters

Das Lost Valley, umgeben vom Massiv der Three Sisters, diente Überlebenden des Glencoe-Massakers als Zufluchtsort. Sie erreichen den Startpunkt über eine Holzbrücke zwischen zwei Parkplätzen.

G GLENCOE

Museum Nov.–März geschl. | Eintritt

Zwischen Loch Leven und dem Tal erstreckt sich die Ortschaft Glencoe. Hier erinnert man sich mit Schaudern an das Massaker von Glencoe des Jahres 1692, bei dem alle Mitglieder der Clans der MacDonalds und der Hendersons trotz ihrer Gastfreundschaft auf Befehl von König William III. von den Campbells getötet wurden. Ein Museum, das Glencoe Folk Museum, befasst sich mit diesem schmerzhaften Kapitel der lokalen Geschichte.

FORT WILLIAM UND UMGEBUNG ADRESSEN

1 THE WILDCAT

- Veganes und ökologisch ausgerichtetes Café (kein Plastikbesteck, keine Einwegtassen).
- Leckeres, einfaches Menü.
- Kleiner Laden.

21 High St. | Mo–Sa 8–17.30, So 9–16.30 Uhr

2 THE GEOGRAPHER

- Fantasievolle Speisen, die von den Kulturen der Welt inspiriert sind. Probieren Sie das Wildragout!
- Empfehlung der lokalen Biere zu den Gerichten.

88 High St. | Di–Sa 12–14, 17–21.15 Uhr

3 GARRISON WEST

- Ein Gastro-Pub par excellence, in dem großzügige schottische Gerichte serviert werden.
- Wir empfehlen Macaroni & Cheese mit Haggis.

4 Cameron Square | tgl. 12–14.30, 17–21.30 Uhr

FORT WILLIAM UND UMGEBUNG ADRESSEN

TOUR 1

4 THE CROFTER

- Ein traditionelles Pub, das für seine bunten Musikabende bekannt ist.
- Gutes Frühstück zu günstigen Preisen.

11 High St. | Mo–Fr 9–24, Sa 9–2 (musikalischer Abend), So 10–24 Uhr

5 THE LIME TREE

- Das preisgekrönte Restaurant serviert seinen Gästen durchdachte und schmackhafte Gerichte.
- Einrichtung mit vielen Rottönen, modern aber dennoch gemütlich.

Achintore Rd. | tgl. 18–22 Uhr

6 THE GREAT GLEN

- Mal anders: ein Pub mit modernem Gesicht.
- Auf den Teller kommt ein klassisches Pub-Menü.
- Umfangreiche Auswahl an Bieren und viel Platz.

104 High St. | So–Do 7–24, Fr, Sa 7–1, Winter ab 8 Uhr

7 BEN NEVIS BAR

- Das örtliche Pub an der Hauptstraße wurde bereits 1806 eröffnet.
- Die Besitzer organisieren regelmäßig Konzerte.
- Terrasse mit Ausblick.

103 High St. | tgl. 12–1 Uhr, Küche 12–21 Uhr

8 THE GROG & GRUEL

»Ein Pub mit einer sehr freundlichen Atmosphäre und kleinen Schweinen als Deko, in dem man ein gutes schottisches Bier oder einen der 100 Whiskys trinken kann.«

66 High St. | tgl. 12–24 Uhr

9 THE VOLUNTEER ARMS

- Stammkneipe der Einheimischen und kleine Preise.
- Tische aus Fässern, Jagdtrophäen, Dartpfeile ...
- Gute Bierauswahl.

47 High St. | So–Do 11–1, Winter bis 23, Fr, Sa 11–2, Winter bis 1 Uhr

10 HIGHLAND SOAP COMPANY

- Dieses Familienunternehmen aus der Region stellt biologische Seifen von bester Qualität her.
- Ansprechende Auswahl an Duftkerzen.

48 High St. | Mo–Sa 10–17, So 11–16 Uhr

VON FORT WILLIAM NACH SKYE (ARMADALE)

• Auto: 69 km nach Mallaig (ca. 1.20 Std. reine Fahrzeit); gleiche Fahrzeit mit Bus (Linie 502) oder Zug

• Mallaig ist der Abfahrtsort für die Fähre zur Insel Skye.

• Verbindung zwischen Mallaig und dem Hafen von Armadale mit CalMac (www.calmac.co.uk), 3–9 Fahrten/Tag, je nach Saison, 30 Min. Überfahrt

• Bei schlechtem Wetter oder Problemen mit der Fähre kann man auch die Brücke nehmen, die Skye auf dem Landweg über Kyle of Lochalsh verbindet (120 km von Fort William entfernt, ca. 1.40 Std. Fahrzeit mit dem Auto).

TOUR 1

A GLENFINNAN MONUMENT

Parkplätze des Besucherzentrums kostenpfl. | Zugang zum Monument Eintritt

Glenfinnan ist der wichtigste Schauplatz des Jakobitenaufstands des Jahres 1745. Hier sammelte Bonnie Prince Charlie, ein katholischer Nachfahre der Stuarts und Thronanwärter, nach und nach eine Armee von Highlandern um sich, bevor er gen Edinburgh und London marschierte. Der Turm mit dem einsamen Highlander auf der Spitze wurde 1815 an ebenjener Stelle errichtet, an der Bonnie Prince Charlie 1745 seine Standarte gehisst hatte.

B GLENFINNAN VIADUCT

Die Bögen des Glenfinnan-Viadukts sind durch die Dreharbeiten zu den Filmen der *Harry Potter*-Saga berühmt geworden. Im Sommer fährt der *Jacobite Steamer*, ein Dampfzug, darüber.

C ARISAIG

Dieses Dorf liegt an einer zerklüfteten Küste und bietet einen schönen Blick auf die Small Isles. Machen Sie halt an den Stränden Camusdarach Beach oder Traigh Beach nördlich von Arisaig.

D MALLAIG

Abfahrt der Fähre nach Skye | Museum Dez.–März geschl.

Am Festland ist dieser Ort mit seinen Bahnhof und dem Fährterminal die Drehscheibe zu Skye und den Inseln. Das kleine Mallaig Heritage Centre erzählt die Geschichte des Fischereihafens.

1 THE BAKEHOUSE & CRANNOG

Mallaig

- Einerseits eine köstliche Bäckerei, andererseits eine gute Pizzeria.
- Die Pizza wird vor den Augen der Gäste mit frischen Zutaten belegt.

Old Quay, Mallaig | wechselnde Zeiten, Jan., Feb. geschl.

ETAPPE 6 SKYE

VOM FESTLAND AUF DIE INSEL SKYE

Fähre: CalMac (www.calmac.co.uk) verbindet Mallaig mit dem Hafen von Armadale; je nach Saison 3–9 Fahrten/ Tag, Überfahrt 30 Min.
Auto: Weiter nördlich gibt es eine Brücke, die Kyle of Lochalsh mit Skye über eine Straße verbindet.

RESERVIERUNG

Fähre: Skye ist sehr beliebt. Buchen Sie unbedingt Ihre Überfahrt rechtzeitig, vor allem wenn Sie ein Fahrzeug mitführen.
Übernachten: Reservieren Sie am besten mehrere Monate im Voraus.
Restaurant: Auch den Tisch für das Abendessen sollten Sie schon mehrere Tage zuvor reservieren.

UNTERWEGS AUF SKYE

Bus: Zahlreiche Stagecoach-Busse (www.stagecoachbus.com) bedienen von Portree aus die ganze Insel. Mit der Linie 57A oder 57C lässt sich die Trotternish-Halbinsel umrunden. Linie 56 fährt nach Dunvegan, Linie 52/152 verbindet Broadford mit Armadale. Achtung: Sonntags fahren keine Busse!
Auto: Wenn Sie auf Skye mit dem Auto unterwegs sind, können Sie die Hauptverkehrsstraßen verlassen und haben so mehr Freiheit in der Zeitplanung. Achten Sie jedoch auf den Zustand der Straßen.

INFOS & ADRESSEN

iCentre VisitScotland: Bayfield House, Portree, Okt.–März tgl. 9.30–16.30, April–Sept. Mo–Sa 9–18.30, So 9–17 Uhr
Supermarkt: Coop, Main Street, Broadford, tgl. 7.30–20, So ab 8 Uhr

WARNHINWEIS

Auf Skye gibt es viele ***single tracks***, also Straßen, die zu schmal sind, als dass zwei entgegenkommende Autos einander passieren könnten. Fahren Sie vorausschauend und nutzen Sie die *passing places* auf beiden Seiten der Fahrbahn. Lassen Sie Einheimischen den Vortritt und seien Sie umsichtig.

TOUR
1

SKYE

Schottlands berühmteste Insel ist über eine Brücke mit dem Festland verbunden. Ihre atemberaubenden Landschaften werden Sie begeistern, und ihre Geschichte wird Sie erstaunen.

HIGHLIGHTS

- A Portree
- B Halbinsel Trotternish
- C Dunvegan Castle
- D Neist Point
- E Talisker Distillery
- F Cuillin Hills
- G Halbinsel Sleat

MITTAGSPAUSE UND CAFÉS

1. Cafe Sia
2. Deli Gasta
3. Cafe Arriba
4. Cafe Lephin
5. The Shed
6. The Sheiling & Ella's Café

RESTAURANTS UND PUBS

7. The Claymore
8. Red Skye Restaurant
9. The Granary
10. The Isles Inn

TOUR 1
Skye Museum of Island Life
Flodigarry
Kilmuir
Staffin
Quiraing
Kilt Rock
Coral Beaches
Fairy Glen
6 Uig
Maligar
Irumpan
Geary
Waternish
Rona
B Halbinsel Trotternish
Loch Dunvegan
A 855
Stein
Rigg
Sound of Raasay
Old Man of Storr
A 850
A 87
C Dunvegan Castle
Colbost
Dunvegan
D
B 884
Roskhill
Ramasaig
Portree A 3 9 10
Applecross
A 863
Raasay
488
Macleod's Table
Loch Bracadale
Île de Skye
Inverarish
Fiscavaig
Sconser
E Talisker Distillery
Carbost
A 863
Scalpay
Sligachan
Kyleakin
Fairy Pools
Cuillin Hills
F
1 2 7 Broadford
Breakish 8
Glenbrittle
B 8083
Sea of the Hebrides
Isleornsay
Elgol
Soay
G Halbinsel Sleat
Cuillin Sound
Kilmore
Canna
Armadale Castle
Armadale 5
Point of Sleat
Aird of Sleat
Sound of Sleat
Rum
Mallaig
5
10 km

SKYE

HIGHLIGHTS

A PORTREE

Die Hauptstadt der Insel ist ein Fischerort mit quadratischem Grundriss, einem kleinen bunten Hafen, Geschäften und einem alten Friedhof. Ein guter Anlaufpunkt, wenn man nicht motorisiert ist.

B HALBINSEL TROTTERNISH

Tagesausflüge zur Umrundung der Halbinsel | Skye Museum of Island Life (Eintritt), So und Okt.–Ostern geschl.

An der Ostküste reckt sich der berühmte **Old Man of Storr** in den Himmel, eine 48 m hohe Felsnadel. Oder Sie machen am **Kilt Rock** halt, einer Klippe, von der ein Wasserfall ins Meer stürzt. Weiter oben bietet sich die Wanderung zum **Quiraing** an, einem Massiv vulkanischen Ursprungs, dessen Flanken in allen Prospekten abgebildet sind. Ganz im Norden der Halbinsel befindet sich das **Skye Museum of Island Life**, das mit alten Bauernhäusern in das ländliche Leben auf Skye einführt. In Uig schließlich können Sie das Tal **Fairy Glen** mit seiner grünen und mystischen Umgebung entdecken – am besten bei Sonnenauf- oder Sonnenuntergang, um den Massen zu entgehen.

C DUNVEGAN CASTLE

Mitte Okt.–Ostern geschl. | Eintritt

Die Burg am Loch Dunvegan, die seit 800 Jahren der Familie MacLeod als Stammsitz dient, präsentiert sich heute als viktorianischer Bau. Die Innenräume sind prächtig ausgestattet. Auch die Gartenanlagen mit uralten Bäumen und riesigen Rhododendronbüschen sind ein Erlebnis, besonders im Frühsommer. Ein Bootsführer bietet 30-minütige Ausflüge an, um die Robbenkolonie in Augenschein zu nehmen, die im Fjord ihr Zuhause hat.

 Die jeweiligen Öffnungszeiten finden Sie im Register ab S. 194.

SKYE

HIGHLIGHTS

D NEIST POINT

Westspitze der Insel | frei zugänglich

Diese Felsnase, auf der ein weiß-gelber Leuchtturm thront, ist ein Postkartenstar. Stellen Sie Ihr Auto auf dem Parkplatz, ab und folgen Sie dem kleinen Pfad, um das Panorama zu genießen.

E TALISKER DISTILLERY

Carbost | Eintritt

Die berühmteste Destillerie der Insel wurde 1830 gegründet und ist für ihren charaktervollen, torfigen Whisky bekannt. Bei der Besichtigung können Sie die originalen Holzfässer bestaunen.

F CUILLIN HILLS

Dieses Gebirge besteht aus den blassen, rundlicheren Red Cuillin Mountains und den schwarzen, spitzen Black Cuillin Mountains. Um einen wunderbaren Ausblick auf die Gipfel zu genießen, sollten Sie an der Sligachan Bridge haltmachen. Diejenigen, die noch höher hinaus wollen und das Bergmassiv erklimmen möchten, sollten umsichtig sein: Man sollte gut ausgerüstet und erfahren sein, da es sich um eine echte Bergsteigertour handelt.

G HALBINSEL SLEAT

Schloss Dez.–Feb. geschl. | Eintritt

Sleat ragt im Süden von Skye ins Meer, ist weniger überlaufen als der Rest der Insel und eignet sich bestens für Ruhesuchende. Man kann im Weiler Isleornsay eine Rast einlegen oder den Park von **Armadale Castle**, das einst der Herrensitz des MacDonalds-Clans war, besichtigen. Heute ist nicht mehr viel davon übrig, aber der für Besucher geöffnete Garten ist weitläufig und sehr attraktiv. Dort befindet sich auch ein Museum.

SKYE

MITTAGSPAUSE UND CAFÉS

1 CAFE SIA
Broadford

»Hier kehrt man für eine Holzofen-Pizza, zum Brunch oder für eine heiße Schokolade ein. Alle Einheimischen kennen dieses Café.«

Ford Rd. | tgl. 10–20.30 Uhr, 2 Wochen im Jan. geschl.

2 DELI GASTA
Broadford

- Eine alte Mühle, die in ein Café umgewandelt wurde. Exzellente Speisen mit lokalen Produkten.
- Vor Ort auf Wunsch zubereitete Sandwiches.

The Old Mill, Harrapool | tgl. 8.30–17 Uhr

3 CAFÉ ARRIBA
Portree

- Ein farbenfrohes und sympathisches Café.
- Die Menüs wechseln täglich, aber Makkaroni mit Käse, die Tagessuppe und hausgemachte Kuchen gibt es immer.

Quay Brae | Mi–So. 9–16 Uhr

4 CAFE LEPHIN
Glendale

- Kleines, gemütliches Café unweit der Landspitze von Neist Point.
- Ein gemütlicher, familiärer Ort, perfekt für einen Imbiss vor oder nach der Wanderung.

Lephin | Di–Fr 11–16 Uhr

5 THE SHED
Armadale

- Das geradezu mikroskopisch kleine Café serviert den Passagieren der Fähre zum Festland Erfrischungen und Fish & Chips.
- Geben Sie acht auf aufdringliche Möwen!

Tgl. 9–17 Uhr

6 THE SHEILING & ELLA'S CAFÉ
Uig

- Sowohl ein liebevoll gestaltetes Café als auch Secondhand-Buchladen.
- Kleine aber feine Karte mit vielen vegetarischen und veganen Speisen.

Idrigill | tgl. 10–17, Winter bis 16 Uhr und So geschl.

TOUR 1

SKYE

RESTAURANTS UND PUBS

7 THE CLAYMORE

Broadford

• Das Restaurant ist für seine Fischgerichte und Meeresfrüchte bekannt.
• Häufig Livekonzerte in den Abendstunden.
• Lokales Bier an der Bar.
5 Lower Harrapool | tgl. 16–21 Uhr

8 RED SKYE RESTAURANT

Breakish

• In einer ehemaligen Schule aus dem 19. Jh. untergebrachtes Lokal.
• Probieren Sie die wunderbaren, mit Whisky marinierten Muscheln.
Breakish | tgl. 12–14.30, 17.30–21 Uhr | nur Barzahlung

9 THE GRANARY

Portree

• Unterteilt in ein Restaurant, das verschiedene lokale Gerichte serviert, und ein Coffeeshop mit Sandwiches und Gebäck.
• Herrliche Terrasse.
Somerled Square | tgl. 9–21 Uhr

10 THE ISLES INN

Portree

• Ruhiges Pub mit einer verlockenden Speisekarte: Jakobsmuscheln, geräucherter Fisch etc.
• Abends herrscht eine recht ausgelassene Stimmung (Musik, Spiele).
Somerled Square | tgl. 8–1 Uhr

VON SKYE NACH INVERNESS

- **Inverness erreicht man von der Insel Skye mit dem Auto über die Kyle of Lochalsh Bridge.**
- **Auto: 145 km von Broadford nach Inverness über die A 890 (ca. 2.30 Std. reine Fahrzeit)**

A EILEAN DONAN CASTLE

Dornie, über die A 87 | Jan. geschl. | Eintritt

Die Geschichte dieser auf einer kleinen Insel thronenden Burg ist spannend. Im 13. Jh. als strategische Verteidigungsanlage errichtet, wurde sie während der Jakobitenaufstände zerstört und danach dem Verfall preisgegeben, bevor sie 1912 nach den ursprünglichen Plänen wiederaufgebaut wurde. Die prächtigen Säle sind reich möbliert. Als Randnotiz sei erwähnt, dass die Burg 1986 als Kulisse für den Film *Highlander* diente.

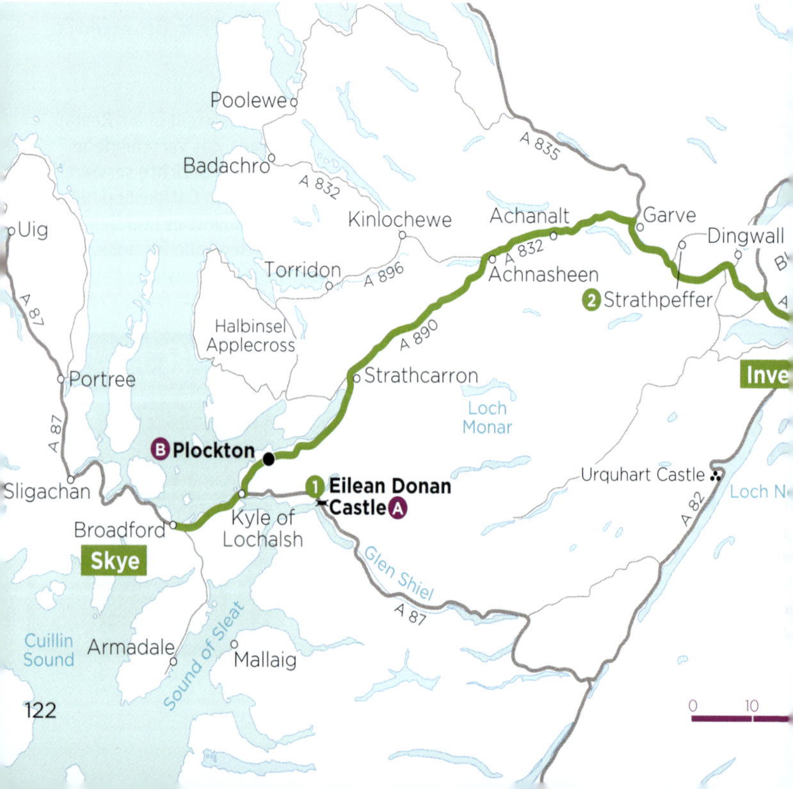

TOUR 1

1 ALL THE GOODNESS COFFEE

Ardelve

- Farbenfrohes Schlemmercafé in der Nähe eines Aussichtspunkts auf das Eilean Donan Castle.
- Riesige Auswahl an Gebäck und Kuchen.
- Auch Kaffee to go.

Aird Point | Mi–So 9–15.30 Uhr

B PLOCKTON

An der A890

Das einstige Fischerdorf gilt als »Perle« der Highlands und erstreckt sich in der geschützten Bucht des Loch Carron. Es ist eine Freude, durch die charmanten Gassen zu schlendern, eingebettet in ein reizvolles Umland, das viele Besucher anzieht und als Kulisse für britische Filme und TV-Serien diente. Von hier kann man etwa Ausflüge unternehmen, um die Robben, die es in der Gegend zahlreich gibt, zu beobachten (https://calums-sealtrips.com).

2 MUSEUM COFFEE SHOP

Strathpeffer

- Ein Café in einem alten Bahnhof aus dem 19. Jh., der ein kleines Museum zur Stadt, die einst ein Kurort war, beherbergt.
- Vegetarische Gerichte.

Old Victorian Station | Do–So 10–16 Uhr

ETAPPE 7 INVERNESS UND LOCH NESS

UNTERWEGS IN INVERNESS UND UMGEBUNG

Zu Fuß: Inverness ist nicht sehr groß und lässt sich gut zu Fuß erkunden.
Auto: Um die Umgebung von Inverness kennenzulernen oder eine Tour zum Loch Ness zu unternehmen, ist das Auto immer noch das bequemste Transportmittel.
Bus: Stagecoach (www.stagecoachbus.com) bietet Verbindungen ins Umland (Nairn, Culloden, Fort George, etc.) an.

RESERVIERUNG

Übernachten: Inverness verfügt über zahlreiche Hostels, B & Bs und Hotels, aber in der Hochsaison wird die Stadt geradezu überrannt. Buchen Sie rechtzeitig, um nicht zu viel zu zahlen.

INFOS & ADRESSEN

Inverness iCentre VisitScotland: 36 High Street, Mo, Mi–Sa 9–17, Di 10–17, So 10–15 Uhr

TOUR 1
Dingwall
Contin
A 835
A 9
Tore
Moray Firth
Muir of Ord
North Kessock
Beauly Firth
S. 127
Beauly
Inverness A
1 à 10
B Ness Islands
A 862
R. Beauly
A 9
13 Dochgarroch
Daviot
Struy
A 82
A 831
Abriachan
Dores 12
Tombreck
C Loch Ness
D Loch Ness Centre
Milton
Corrimony
11 Drumnadrochit
E Urquhart Castle
Croachy
Tomich
Errogie
A 82
Foyers
Invermoriston
Whitebridge
A 887
Fort Augustus
A 82
0
5
10 km

INVERNESS UND LOCH NESS

Die Hauptstadt der Highlands ist ein wichtiger Anlaufpunkt für alle Besucher des Nordens von Schottland. Das kleine Städtchen punktet auch mit seiner Nähe zum Loch Ness.

HIGHLIGHTS

- A Inverness
- B Ness Islands
- C Loch Ness
- D Loch Ness Centre
- E Urquhart Castle

ADRESSEN

1. Leakey's Bookshop
2. The Rendezvous Cafe
3. Velocity Cafe
4. Rocpool Restaurant
5. Hootananny
6. Johnny Foxes
7. Black Isle Bar
8. MacGregor's Bar
9. The Mustard Seed
10. River House Restaurant
11. Ness Deli
12. The Dores Inn
13. The Oakwood Restaurant

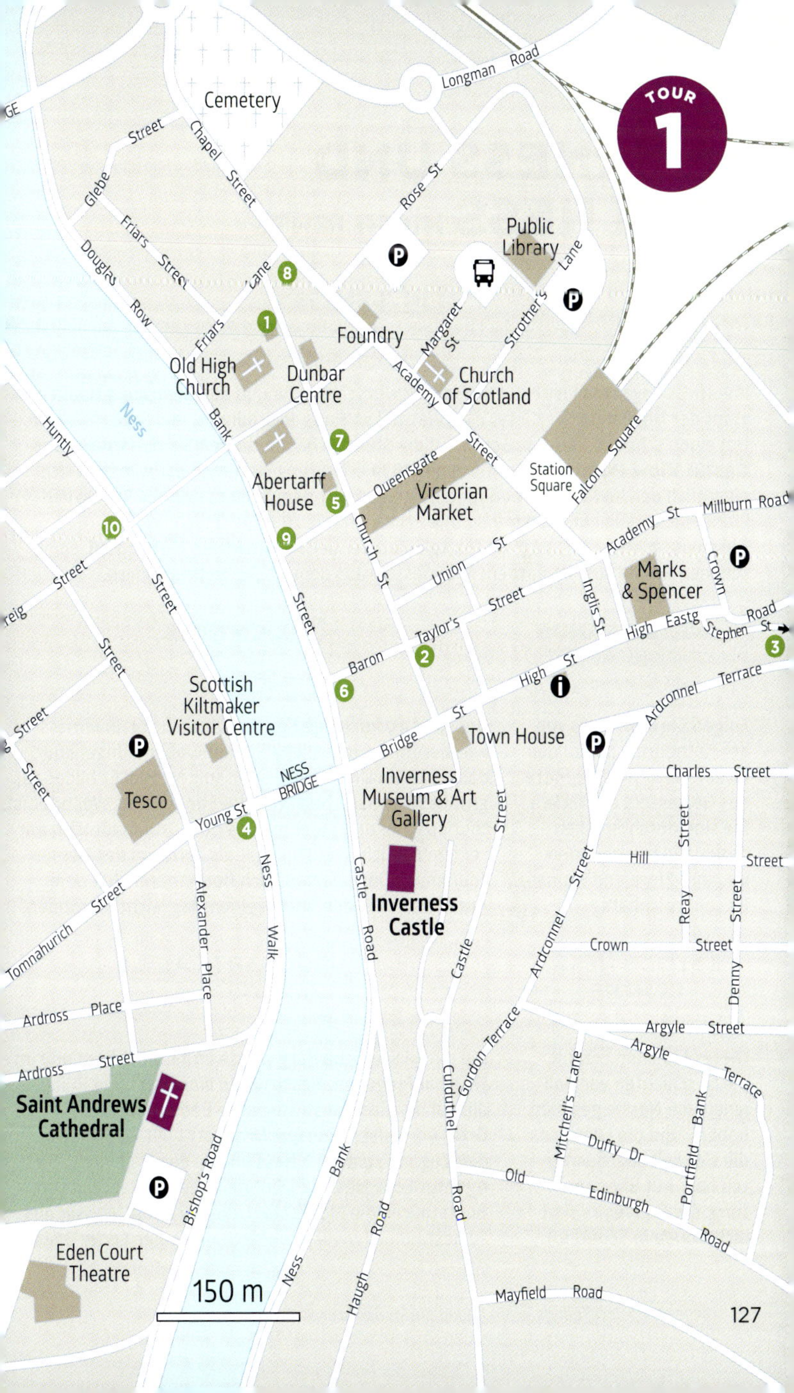
TOUR 1
Cemetery
Longman Road
Chapel Street
Glebe Street
Friars Street
Douglas Row
Friars Lane
Rose St
Public Library
Lane
Strother's Lane
Margaret St
Foundry
Academy Street
Old High Church
Dunbar Centre
Church of Scotland
Bank Street
Ness
Huntly Street
Abertarff House
Queensgate
Victorian Market
Station Square
Falcon Square
Church St
Union St
Academy St
Millburn Road
Crown
Marks & Spencer
Inglis St
Eastg
High St
Stephen St
Road
Taylor's Street
Baron
Ardconnel Terrace
Scottish Kiltmaker Visitor Centre
Bridge St
Town House
Charles Street
NESS BRIDGE
Inverness Museum & Art Gallery
Tesco
Young St
Ness Walk
Castle Road
Castle Street
Inverness Castle
Hill Street
Reay Street
Alexander Place
Tomnahurich Street
Crown Street
Denny Street
Ardross Place
Argyle Street
Argyle Terrace
Ardross Street
Gordon Terrace
Culduthel Road
Mitchell's Lane
Saint Andrews Cathedral
Duffy Dr
Bank
Bishop's Road
Old Edinburgh Road
Portfield
Ness Bank
Haugh Road
Eden Court Theatre
150 m
Mayfield Road
1
2
3
4
5
6
7
8
9
10

INVERNESS UND LOCH NESS HIGHLIGHTS

A INVERNESS

Zugang zum Castle View Point kostenpfl. (Nov.–März Di–Do geschl.) | Kathedrale Eintritt frei

Inverness liegt am Fluss Ness und ist die wirtschaftliche und administrative Hauptstadt der Highlands. Sie bietet eine Vielzahl an Pubs, Restaurants und Supermärkten. Um einen schönen Panoramablick auf die Stadt zu haben, sollten Sie den **Inverness Castle View Point** auf dem Turm des 1834 erbauten Inverness Castle, in dem sich eigentlich der Justizpalast befindet, besteigen. Vor dem Schloss ragt die Statue von Flora MacDonald auf, die 1746 Bonnie Prince Charlie zu seiner Flucht verhalf. Als Abschluss bietet es sich an, die Buntglasfenster der **St Andrews Cathedral**, einer schönen Kirche aus rosafarbenem Sandstein aus dem 19. Jh., zu bewundern.

B NESS ISLANDS

Frei zugänglich | 2 Std. Wanderung

Folgen Sie dem Fluss von der Kathedrale aus zu den Inseln, die sich in der Mitte des Gewässers erstrecken. Sie sind durch Brücken miteinander verbunden, und ihre Flora und Fauna ist sehr reichhaltig.

C LOCH NESS

Der rund 40 km lange See südwestlich von Inverness ist weltberühmt für das legendenumwobene Ungeheuer, das dort sein Unwesen treiben soll: Nessie! Er bildet das größte Süßwasserreservoir des Landes. Das Westufer ist touristischer und belebter, das Dorf Drumnadrochit mit seinem Besucherzentrum gilt als Zentrum des Nessie-Tourismus. Dort starten auch Bootstouren. Mit dem Auto kann man den See an einem Tag leicht umrunden.

D LOCH NESS CENTRE

Drumnadrochit, A 82 | Eintritt

Dieses Museum erzählt die Geschichten von »all jenen, die Nessie gesehen haben« und die Legende, die sich seit Jahrhunderten hält. Mit Shop (Achtung: Die Souvenirs sind nicht *made in Scotland*).

E URQUHART CASTLE

An der A82 | Eintritt

Die mittelalterliche Burg wurde im 13. Jh. erbaut und im 17. Jh. aufgegeben. Heute ist sie eine prächtige Ruine, die auf die einstige strategische Bedeutung dieses Ortes verweist. Denn wer Urquhart hielt, beherrschte den Zugang zum Loch Ness und zu den Highlands. Die Agentur Loch Ness by Jacobite bietet im Rahmen von Bootstouren die Möglichkeit, die Burg vom Wasser aus zu bestaunen (www.jacobite.co.uk, Dauer 1 oder 2 Std.).

 Die jeweiligen Öffnungszeiten finden Sie im Register ab S. 194.

TOUR
1

INVERNESS UND LOCH NESS ADRESSEN

1 LEAKEY'S BOOKSHOP
Inverness

»Ein Secondhand-Buchladen, wie Sie ihn vielleicht noch nie zuvor gesehen haben: mit Holzofen, und über und über stapeln sich die Bücher.«

Church St. | Mo–Sa 10–17.30 Uhr

2 THE RENDEZVOUS CAFE
Inverness

- Ein Café für Filmliebhaber, zum einen wegen der Einrichtung, aber auch wegen der Vorführungen.
- Motel-Ambiente mit reichhaltigen Portionen.

14 Church St. | tgl. 8–16, Winter So 9–16 Uhr

3 VELOCITY CAFE
Inverness

- Das Hipster-Café hat sich dem Fahrradsport verschrieben.
- Sehr nahrhafte Salate und gute Auswahl an hausgemachten Kuchen.

1 Crown Ave | Winter tgl. 9–16 Uhr, Sommer länger

4 ROCPOOL RESTAURANT
Inverness

- Schöne Speisekarte mit vielen lokalen Produkten. Die Rezepte strotzen vor Einfallsreichtum.
- Bestellen Sie den Wildbraten mit Haggis!

1 Ness Walk | Mo–Sa 12–14.30, 16–22 Uhr

5 HOOTANANNY
Inverness

- Die beste Adresse für Livemusik in Inverness.
- Informieren Sie sich über das aktuelle Programm auf www.hootanannyinverness.co.uk.

67 Church St. | Mo–Do 17–1.30, Fr, Sa 12–3, So 17–1.30 Uhr

6 JOHNNY FOXES
Inverness

- Ein Highlight des hiesigen Nachtlebens. Allabendlich findet eine Veranstaltung statt.
- Im Zweifelsfall Personalausweis bereithalten.

26 Bank St. | So–Do 12–1, Fr, Sa bis 3 Uhr

7 BLACK ISLE BAR
Inverness

- Die Bar der Brauerei Black Isle, die nur wenige Kilometer entfernt ist.
- Verblüffende Auswahl an Bieren, präsentiert auf einem Bildschirm.

68 Church St. | So–Do 11–24, Fr, Sa 12–24 Uhr

TOUR 1

NVERNESS UND OCH NESS ADRESSEN

8 MACGREGOR'S BAR
Inverness

• Eine neue Location, die gefällt: gemütliches Mittagessen, Terrasse und am Abend Konzerte.
• Häufig Verkostungen von Bier und Gin.
109 Academy St. | Do–Di 12–24 Uhr

9 THE MUSTARD SEED
Inverness

• Modernes Designerrestaurant, das aber traditionellen Rezepten treu bleibt.
• Testen Sie das Rib-Eye-Steak, das von einem lokalen Bauernhof stammt.
16 Fraser St. | tgl. 12–15, 17.30–22 Uhr

10 RIVER HOUSE RESTAURANT
Inverness

• Am Ufer des Flusses Ness liegt dieses Lokal, das sich auf Meeresfrüchte spezialisiert hat.
• Auch vegetarische und vegane Gerichte.
1 Greig St. | Di–Sa 15–21.45 Uhr, Winter geschl.

11 NESS DELI
Drumnadrochit

• Gemütliches Café mit einer großen Terrasse.
• Man bekommt eine gute Auswahl an klassischen britischen Sandwiches und leckere Kuchen.
The Village Green | Mo–Sa 9.30–16, So 10–15 Uhr

12 THE DORES INN
Dores

• Praktisch gelegenes Pub am Ufer des Loch Ness.
• Auf den Tisch kommen Pub-Klassiker (Burger, Makkaroni) und Spezialitäten (Entenbrust).
An der B 852 | So–Do 10–23, Fr, Sa 10–24 Uhr

13 THE OAKWOOD RESTAURANT
Dochgarroch

• Reichhaltige und schmackhafte Gerichte: viel Wild und Fleischspeisen mit Soße.
• Werfen Sie einen Blick auf die Tagesgerichte.
Dochgarroch | Mi–Mo 10–22 Uhr

TAGESAUSFLUG VON INVERNESS

AUF DEN SPUREN DER SCHOTTISCHEN GESCHICHTE

- **Auto: 35 km von Inverness nach Fort George (45 Min.–1 Std. reine Fahrzeit)**

Ⓐ CULLODEN BATTLEFIELD

10 km östl. von Inverness | Schlachtfeld frei zugänglich, Museum Eintritt | Audioguide

Die Schlacht von Culloden am 16. April 1746 markierte das Ende der Jakobitenaufstände und der Hoffnungen von Bonnie Prince Charlie. Das moderne Besucherzentrum ist sehr beeindruckend. Es zeigt einen Panoramafilm, in dem man sich inmitten dieses epischen Blutbads wiederfindet. Das Schlachtfeld selbst ist übersät mit Gedenksteinen, die den Clans und ihren Helden gewidmet sind. Der Traum der Highländer vom britischen Thron wurde hier begraben.

 Die jeweiligen Öffnungszeiten finden Sie im Register ab S. 194.

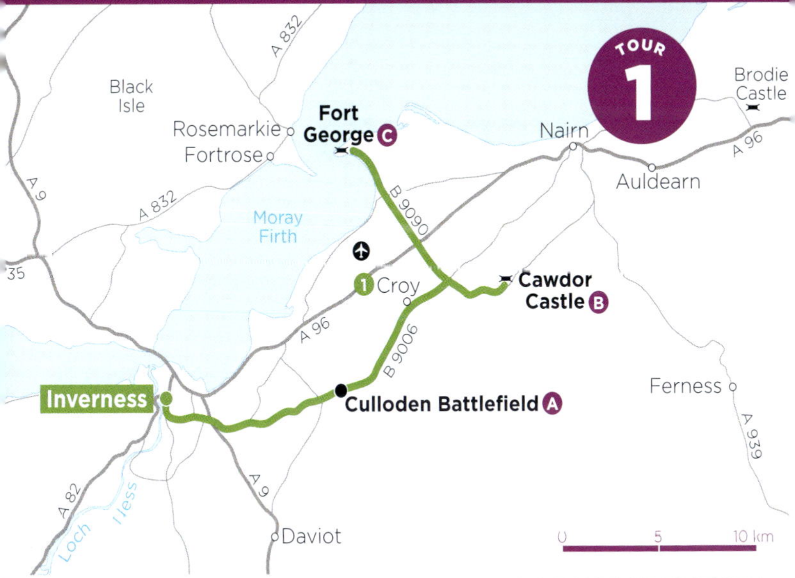

B CAWDOR CASTLE & GARDENS

Ende Okt.–Mitte April geschl. (private Besuche auf Anfrage) | Eintritt

Das Schloss wurde ursprünglich im 14. Jh. erbaut, sein heutiges Aussehen stammt aus dem 16. Jh. Man kann die schönen, original eingerichteten Innenräume besichtigen, in denen sich zeitgenössische Kunstwerke neben alten Sammlungen der heutigen Bewohnerin des Schlosses, Angelika Gräfin von Cawdor, wiederfinden. Das Anwesen wird jedoch vor allem wegen seiner riesigen und wunderbar gepflegten Gartenanlagen geschätzt.

C FORT GEORGE

12 km westl. von Nairn | Eintritt

Diese bemerkenswerte, auf einer Landzunge am Moray Firth gelegene Festung wurde 1746 nach der Schlacht von Culloden errichtet, um den Eingang zur Bucht von Inverness zu verteidigen. Auf dem Gelände befindet sich ein Museum, in dem die Geschichte der Festung aufgearbeitet wird. Bei einem schönen, rund einen Kilometer langen Spaziergang auf der Stadtmauer können Besucher den Blick auf die Landzunge genießen.

1 ANTA CAFÉ

Croy

- Ein sehr trendiges Café von Anta, einem schottischen Unternehmen für Deko und Design.
- 100 % schottisch, aber modern interpretiert.

MacKinnon Dr. | Sommer tgl. 9–18, Winter 10–16 Uhr

VON INVERNESS NACH PITLOCHRY

- **Auto: 250 km (ca. 4 Std. reine Fahrzeit)**
- **Um Zeit zu sparen und die Strecke zu verkürzen, entscheiden Sie sich am besten für den Besuch nur einer einzigen Destillerie.**

MALT WHISKY TRAIL

www.maltwhiskytrail.com

In Speyside zwischen Forres, Elgin, Rothes, Craigellachie, Dufftown und Keith gibt es über 60 Destillerien. Folgen Sie den braunen Schildern und entscheiden Sie sich für die Orte, die Sie am meisten ansprechen.

A SPEYSIDE COOPERAGE

Craigellachie | Sa, So geschl.

Eine beeindruckende Böttcherei, in der man nach einem kurzen Film den Fachkräften bei ihrer flinken Arbeit zuschauen kann. Mehr als 150 000 Fässer gehen pro Jahr an die Whiskyindustrie.

B THE GLENFIDDICH DISTILLERY

Dufftown | Eintritt

Die Brennerei wurde 1886 von der Familie Grant eröffnet. Die Verfahren blieben unverändert: die gleichen Brennblasen, das gleiche Wasser etc. Der Single Malt Whisky ist weltweit preisgekrönt.

C THE GLENLIVET DISTILLERY

Ballindalloch | Nov.–Feb. geschl.

Diese Brennerei operierte zunächst illegal, bevor sie 1824 offiziell genehmigt wurde. Der Rundgang durch die modernen Bereiche ist lehrreich und endet schließlich mit der Verkostung von drei Whiskys.

D ROYAL DEESIDE

In diesem hübschen Tal zwischen Braemar und Ballater am Ufer des Flusses Dee verbrachte Königin Victoria einst ihren Urlaub und begründete damit eine neue königliche Tradition.

E BALMORAL CASTLE

Ende Aug.–März geschl. | Eintritt

Das 1852 von der Krone erworbene und renovierte Schloss wird regelmäßig von Elizabeth II. bewohnt. Auch wenn im Inneren nur wenige Räume zu sehen sind, die Gartenanlagen sind einen Besuch wert.

1 THE BOTHY BRAEMAR

Braemar

- Hübsches Café, auf der Speisekarte stehen frische lokale Produkte.
- Von der Terrasse genießt man einen schönen Blick auf das Clunie Water.

Invercauld Rd. | tgl. 9–17.30 Uhr

 Die jeweiligen Öffnungszeiten finden Sie im Register ab S. 194.

rness
A 96
Rothes
Spey
Keith
A 95
A 96
Speyside Cooperage A
Aberlour
The Glenfiddich Distillery B
Ballindalloch
A 95
B 9009
A 941
A 9
Tomatin
Findhorn
Grantown-on-Spey
The Glenlivet Distillery C
A 95
A 9
Carrbridge
B 9008
Tomintoul
A 939
Aviemore
Spey
Colnabalchin
A 9
Cairngorms National Park
Kingussie
Royal Deeside D
Ballater
A 93
Braemar Castle
Balmoral Castle E
1 Braemar
Dee
A 9
alwhinnie
A 93
Loch Muick
A 9
Glenshee
Blair Atholl
Loch Tummel
Backwater
Pitlochry
Kirkmichael
Forfar
Tay
A 9
Aberfeldy
A 93
Kenmore
Dunkeld
0 5 10 km

ETAPPE 8 PITLOCHRY UND UMGEBUNG

Von Pitlochry aus kann man die Region Perthshire erkunden oder dem Cairngorms-Nationalpark im Norden einen Besuch abstatten. Dieser ehemalige Urlaubsort aus dem 19. Jh. verströmt noch immer das Flair vergangener Zeiten.

HIGHLIGHTS

- A Pitlochry
- B Fish Ladder
- C Edradour Distillery
- D Queen's View
- E Blair Castle

UNTERWEGS

Zu Fuß: Pitlochry ist sehr klein, zu Fuß ist alles schnell erreichbar.
Auto: Das empfohlene Transportmittel, wenn Sie Perthshire durchqueren wollen.

ADRESSEN

1. Escape Route Cafe
2. Cafe Biba
3. Port-na-Craig Restaurant
4. Drummond's
5. Fern Cottage Restaurant
6. Knockendarroch
7. Heathergems
8. Moulin Inn
9. Habitat Café
10. Three Lemons
11. Blair Atholl Watermill

TIPPS & INFOS

Pitlochry iCentre VisitScotland: 22 Atholl Road, Mo–Sa 10–16 Uhr, im Sommer länger
Wanderung: Touren in der Region unter www.walkhighlands.co.uk bzw. http://visitcairngorms.com
Show: Im Oktober ist Pitlochry Schauplatz von The Enchanted Forest, einer Ton- und Lichtshow mitten im Wald, die einen Besuch lohnt. Allerdings sollten Sie die Tickets lange im Voraus buchen: www.enchantedforest.org.uk

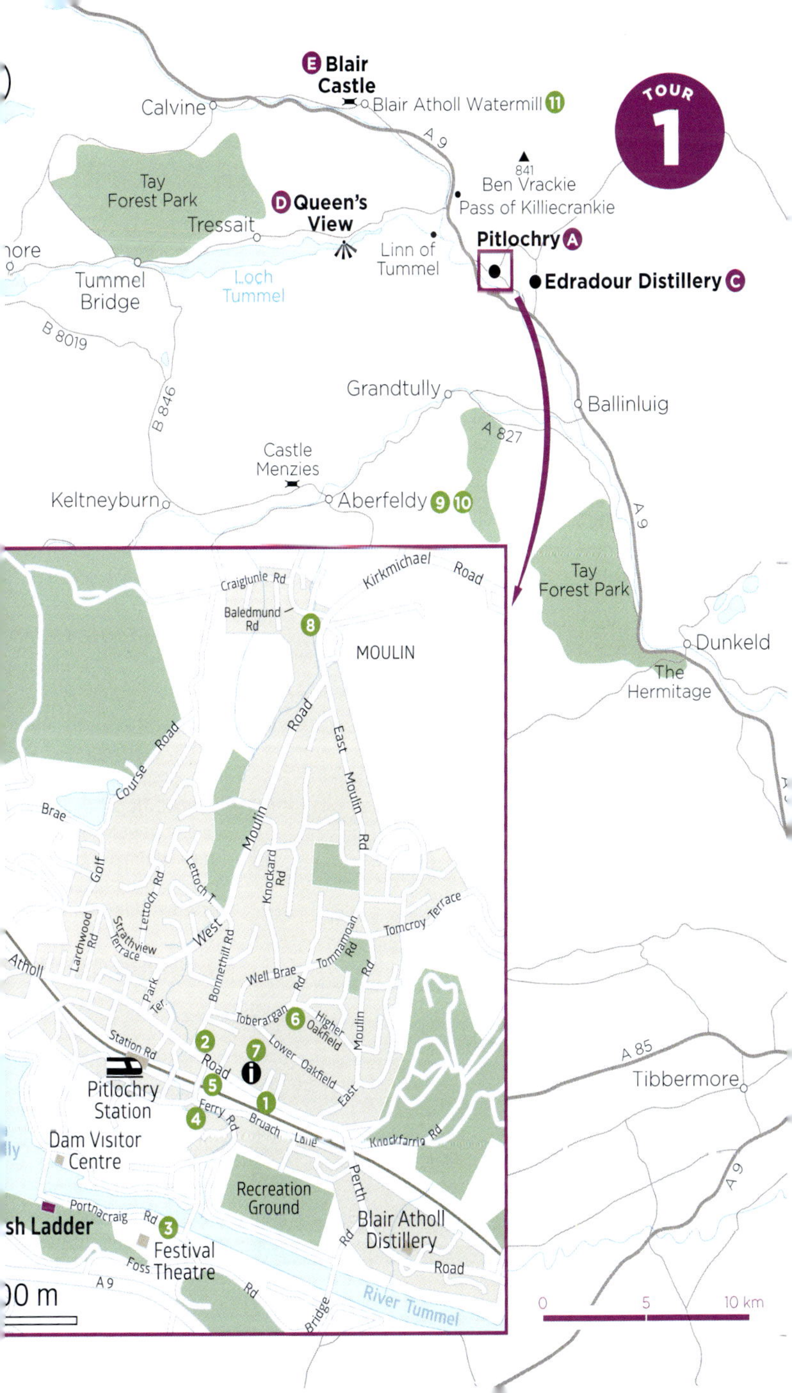

TOUR 1
Blair Castle
Calvine
Blair Atholl Watermill
A 9
841
Ben Vrackie
Pass of Killiecrankie
Tay Forest Park
Queen's View
Tressait
Pitlochry
Linn of Tummel
Edradour Distillery
Tummel Bridge
Loch Tummel
B 8019
B 846
Grandtully
Ballinluig
A 827
Castle Menzies
Keltneyburn
Aberfeldy
Tay Forest Park
Dunkeld
The Hermitage
A 85
Tibbermore
0
5
10 km
Craiglunie Rd
Kirkmichael Road
Baledmund Rd
MOULIN
Road
East Moulin Rd
Course Road
Brae
Golf
Moulin
Lettoch T.
Lettoch Rd
Knockard Rd
Larchwood Rd
Strathview Terrace
West
Bonnethill Rd
Tomnamoan Rd
Tomcroy Terrace
Atholl
Well Brae
Rd
Park Ter.
Toberargan
Higher Oakfield
Moulin
Station Rd
Road
Lower Oakfield
East
Pitlochry Station
Ferry Rd
Bruach Lane
Knockfarrie Rd
Dam Visitor Centre
Perth
Recreation Ground
Portnacraig Rd
sh Ladder
Blair Atholl Distillery
Festival Theatre
Foss Rd
A 9
Rd
Road
Bridge
River Tummel

PITLOCHRY UND UMGEBUNG HIGHLIGHTS

A PITLOCHRY

Diese Ortschaft ist gut an die größeren Städte des Landes angebunden, was sich für Wanderer und Reisende als praktisch erweist – ein guter Ausgangspunkt für die Erkundung von Perthshire.

B FISH LADDER

Armoury Road, Pitlochry | Eintritt frei

Das Wasserkraftwerk ist bekannt für seine »Lachsleiter«, die die Wanderung der Fische möglich macht. Ein Mechanismus zählt die Tiere, die im Lauf des Jahres vorbeikommen. Mit Besucherzentrum.

C EDRADOUR DISTILLERY

Eintritt | Shop frei zugänglich

In dieser sehr kleinen Destillerie kann man alle Schritte der Whiskyherstellung nachverfolgen. Hier wird in einem Jahr die Menge hergestellt, die große Destillerien in wenigen Tagen schaffen.

D QUEEN'S VIEW

An der B 8019 | frei zugänglich

Schöner Aussichtspunkt mit Blick auf den Tay Forest Park und das Loch Tummel. Tipp: Kommen Sie erst gegen Ende des Tages, wenn die großen Touristenbusse bereits verschwunden sind.

E BLAIR CASTLE

Nov.–März geschl. | Eintritt

Die 1269 erbaute Burg ist mit ihren weiß gestrichenen Fassaden schon von Weitem sichtbar. Sie ist der Stammsitz der Herzöge von Atholl, die prächtigen Innenräume lassen sich besichtigen.

 Die jeweiligen Öffnungszeiten finden Sie im Register ab S. 194.

TOUR 1

PITLOCHRY UND UMGEBUNG ADRESSEN

1 ESCAPE ROUTE CAFE

Pitlochry

• Das Café ist liebevoll mit Fahrrädern und Möbeln aus altem Holz eingerichtet. Mit Kaminfeuer.
• Auf den Teller kommen *Scottish breakfast*, Sandwiches, Suppen usw.
3 Atholl Rd. | tgl. 9–16 Uhr

2 CAFE BIBA

Pitlochry

• Ein unprätentiöses Café mit einem guten Preis-Leistungs-Verhältnis.
• Einfache, aber praktische Karte: Pasta, Pizza, Suppen, Sandwiches, Burger.
40 Atholl Rd. | tgl. 10–20, Winter bis 17 Uhr

3 PORT-NA-CRAIG RESTAURANT

Pitlochry

• Empfehlenswerte Gourmetküche, die mit schlichter Eleganz aufwartet.
• Es gibt mehrere Nudelgerichte und in der Region geräucherten Lachs.
Port-na-Craig Rd. | tgl. 12–21 Uhr

4 DRUMMOND'S

Pitlochry

• Ein sehr familienfreundliches Restaurant.
• Einfache, klassische Speisekarte: Rindfleischbraten, Fisch etc.
Ferry Rd. | Sommer tgl. 10–22.30, Winter 10.30–20 Uhr | Barzahlung

5 FERN COTTAGE RESTAURANT

Pitlochry

• Kulinarische Experimente zwischen Schottland und dem Mittelmeer.
• Kebab auf schottische Art, Wildmedaillons mit Whisky – warum nicht?
Ferry Rd. | Di–So 11.30–22.30 Uhr

6 KNOCKENDARROCH

Pitlochry

• Modernes Hotelrestaurant der Spitzenklasse.
• Außergewöhnliches Drei-Gänge-Menü, das lokale Traditionen *(Highland beef)* hervorhebt.
Higher Oakfield | nur nach Reserv. © 17 96 47 34 73

TOUR 1

PITLOCHRY UND UMGEBUNG ADRESSEN

7 HEATHERGEMS
Pitlochry

- Schmuck aus getrocknetem, gefärbtem und geschliffenem Heidekraut.
- Accessoires ab 10 £.
- Schauen Sie den Handwerkern bei der Arbeit zu.

22 Atholl Rd. | Sommer tgl. 9–17.30, Winter 9–17 Uhr

8 MOULIN INN
Moulin

- Mehrfach mit dem Titel »bestes Pub Schottlands« ausgezeichnet.
- Probieren Sie doch das lokale Bier zu einem dampfenden Haggis.

11 Kirkmichael Rd. | tgl. abends, Reserv. empf.

9 HABITAT CAFÉ
Aberfeldy

- Der Spezialist für Kaffee und heiße Schokolade in einem kleinen, recht liebenswerten Dorf.
- Sehr ansprechendes Mittagsmenü.

The Square | tgl. 11–16 Uhr | nur Barzahlung

10 THREE LEMONS
Aberfeldy

- Schönes Restaurant, schicke Einrichtung, flotter Service, gutes Essen.
- Italienisch und schottisch inspirierte Karte: Pizza, Schellfisch etc.

32 Dunkeld St. | Di–So 10.30–21 Uhr

11 BLAIR ATHOLL WATERMILL
Blair Atholl

»Die Bäckerei ist in einer Mühle von 1590 untergebracht. Ich liebe die Kuchen, *scones* und Brote, gebacken mit dem hier gemahlenen Mehl!«

Ford Rd. | April–Okt. tgl. 9.30–16 Uhr

TAGESAUSFLUG VON PITLOCHRY

AN DIE KÜSTE VON ABERDEENSHIRE

• Auto: 140 km (2.10 Std. reine Fahrzeit)

A GLAMIS CASTLE

Nov., Dez. verkürzte Öffnungszeiten | Eintritt

Eines der schönsten und legendenumwobensten Schlösser Schottlands. Es wurde 1376 erbaut und war der Sitz der Grafen von Strathmore und Kinghorne. Die Mutter von Elizabeth II. wurde in diesem Schloss geboren, ebenso ihre Schwester Margaret, weshalb die Innenräume sehr »königlich« sind. Ein Besuch verrät viel über die Lebensweise der schottischen Aristokratie. Verpassen Sie nicht den schönen Garten.

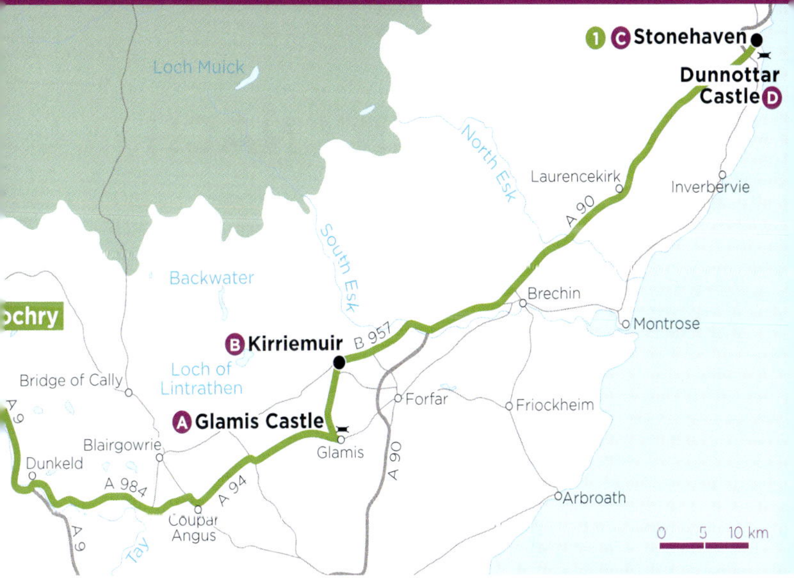

B KIRRIEMUIR

Geburtshaus von J. M. Barrie | Eintritt | Sept.–Juni Di–Fr geschl.

ie Hauptsehenswürdigkeit dieser Kleinstadt ist das aus des Schriftstellers J. M. Barrie, dessen bekanntestes Werk der Kinderbuch-Klassiker mit Peter Pan st. Er wurde hier geboren und lebte hier, bevor er zum tudium nach Edinburgh zog. Sein Geburtshaus zeigt ine Ausstellung zum Leben und Schaffen des Autors, ber die gut erhaltene Einrichtung vermittelt auch einen indruck vom Alltag einer schottischen Familie im 19. Jh.

C STONEHAVEN

Museum Okt.–März nur Sa, So, April–Sept. Mi–So | Eintritt

Der alte Hafen von Stonehaven besticht mit seinen alten Bauwerken, darunter das Tolbooth Museum, ein ehemaliges Gefängnis, das heute eine Sammlung zur Geschichte der Region beherbergt.

1 THE TOLBOOTH SEAFOOD

Stonehaven

Raffinierte Küche, schön ngerichtete Speisen. Gäste genießen den lick auf den Hafen. Produkte aus dem Meer.
arbour, Old Pier | Sommer Di–o 12–14, 18–21, Winter Mi–Sa 2–14, 18–21, So 12–15 Uhr

D DUNNOTTAR CASTLE

Nov.–Feb. verkürzte Öffnungszeiten | Eintritt

Diese wildromantischen Ruinen einer Burg, die auf einer Felsklippe thront und mehrfach zerstört und anschließend wieder aufgebaut wurde, könnten viel über die Geschichte Schottlands vom frühen Mittelalter bis zu den Jakobitenaufständen erzählen. Besucher bewegen sich zwischen 15 Gebäuden aus dem 13. bis 16. Jh., die von einer Mauer geschützt wurden. Wer in Eile ist, kann auch einfach nur einen kurzen Fotostopp einlegen.

VON PITLOCHRY NACH EDINBURGH

- **Auto: ca. 125 km (ca. 2.20 Std. reine Fahrzeit)**

A DUNKELD

Der Ort war 1689 Schauplatz einer Schlacht zwischen Jakobiten und der britischen Armee. Er wartet mit renovierten Häusern aus dem 18. Jh. auf. Auch die Kathedrale ist sehr bewegend.

1 ARAN BAKERY

Dunkeld

- Die Bäckerei wird von der Siegerin einer Backshow betrieben.
- Die Adresse eignet sich perfekt für eine kleine Schlemmerpause.

2 Atholl St. | Mi–Sa 9.30–15.30 Uhr

B THE HERMITAGE

An der A 9 | Parkgebühr

Dieser Spaziergang (2 Std.) durch einen herrlichen Mischwald am Fluss Braan wurde in viktorianischer Zeit populär. Entlang der Strecke finden sich Totempfähle, kleine Schreine und romantische Brücken.

C SCONE PALACE

Schloss Nov.–Feb. geschl. | Eintritt

Das 1808 von den Grafen von Mansfield errichtete Schloss unweit von Perth befindet sich an der Stelle, an der früher die Äbte von Scone Abbey residierten und wo bis 1651 die schottischen Könige auf dem Stein von Scone gekrönt wurden. Entdecken Sie die Innenräume eines Herrenhauses, wie sie zum Zeitpunkt des Besuchs von Königin Victoria im Jahr 1842 aussahen. Das Schloss umgibt ein Park, in dem Pfauen frei herumspazieren.

D PERTH

Perth, die ehemalige Hauptstadt der schottischen Könige, ist heute ein eher verschlafenes Städtchen. Nehmen Sie den Art Trail am Fluss entlang und entdecken Sie originelle Skulpturen.

2 THE NORTH PORT RESTAURANT

Perth

- Inneneinrichtung mit warmem Holzdekor.
- Es gibt zu 100 % schottische, bodenständige und preiswerte Gerichte.
- Geräucherter Schellfisch.

8 North Port | Di–Sa 12–14.30, 17–21.30 Uhr

E SOUTH QUEENSFERRY

Von diesem Dorf am Fluss Forth führen drei majestätische Brücken ans andere Ufer: die Railway Forth Bridge von 1890, eine knallrote Eisenbahnbrücke, und zwei moderne Autobrücken.

 Die jeweiligen Öffnungszeiten finden Sie im Register ab S. 194.

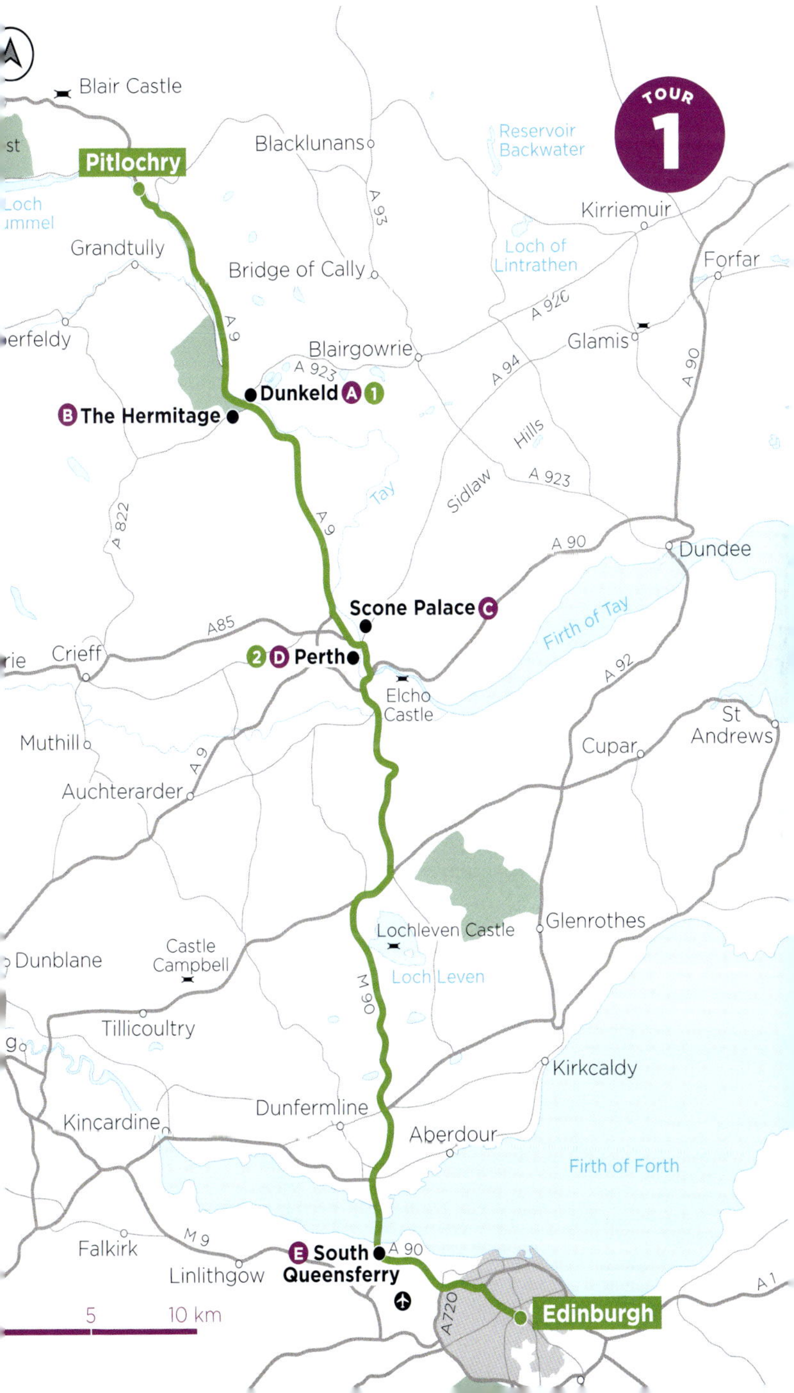

TOUR 1
Blair Castle
Pitlochry
Loch
Grandtully
Blacklunans
A 93
Bridge of Cally
Reservoir Backwater
Kirriemuir
Loch of Lintrathen
Forfar
A 926
Glamis
A 90
A 9
Blairgowrie
A 923
Dunkeld A 1
B The Hermitage
A 94
Hills
Sidlaw
A 923
Tay
A 822
A 9
A 90
Dundee
Scone Palace C
Firth of Tay
A85
Crieff
2 D Perth
Elcho Castle
A 92
Muthill
A 9
Auchterarder
Cupar
St Andrews
Lochleven Castle
Glenrothes
Dunblane
Castle Campbell
Loch Leven
M 90
Tillicoultry
Kirkcaldy
Kincardine
Dunfermline
Aberdour
Firth of Forth
Falkirk
M 9
Linlithgow
E South Queensferry
A 90
A720
Edinburgh
A 1
5
10 km

RUND UM EDINBURGH

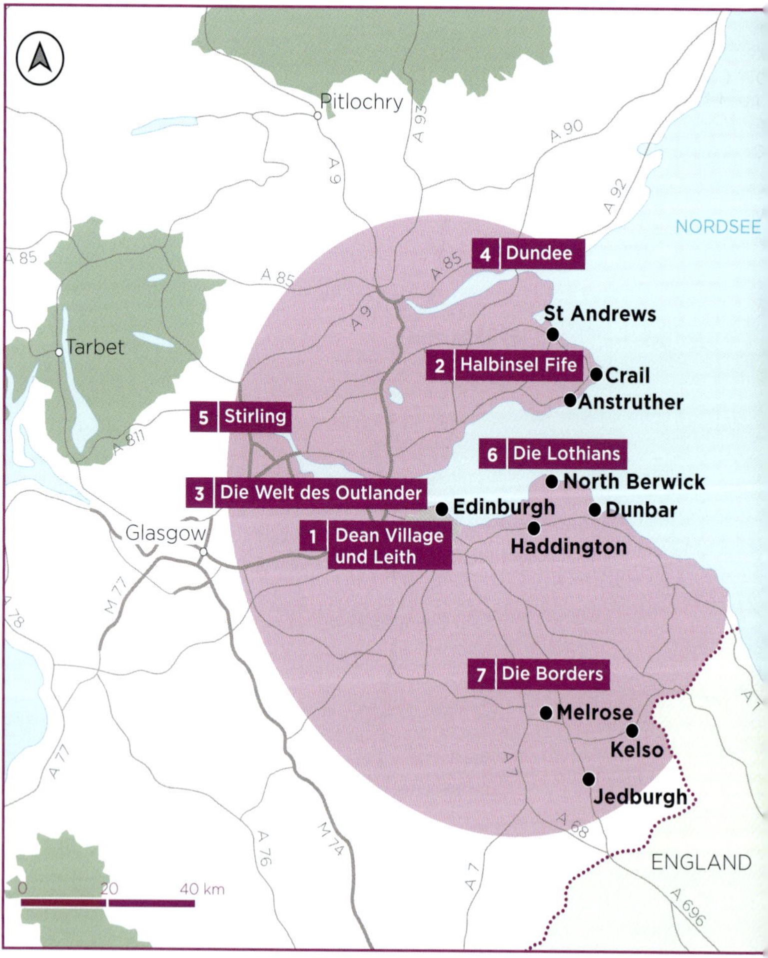

REISETIPP

1

- Das Stadtzentrum Edinburghs lässt sich leicht in zwei Tagen erkunden (siehe Tour 1, S. 44). Von dort bieten sich Tagesausflüge in die Umgebung an, die meist mit öffentlichen Verkehrsmitteln möglich sind. Auf dem Programm stehen die Küste, Schlösser, charmante Dörfer und geheimnisvolle Abteien.
- Hier können Sie Ihren Besuch mit öffentlichen Verkehrsmitteln planen und Fahrpläne abrufen: www.travelinescotland.com

1 Dean Village und Leith

Spaziergang im Westen und Norden der Hauptstadt

2 Halbinsel Fife

Malerische kleine Hafenstädtchen

3 Die Welt des Outlander

Auf den Spuren von Claire und Jamie

4 Dundee

Kulturgenuss in Schottlands sonnigster Stadt

5 Stirling

Klein-Edinburgh am Eingang zu den Highlands

6 Die Lothians

Abwechslungsreiche Küstenregion

7 Die Borders

Schottlands Südgrenze

DEAN VILLAGE UND LEITH

SPAZIERGANG IM WESTEN UND NORDEN

- **Ein Spaziergang durch die Außenbezirke der Hauptstadt: zuerst im Westen im Dean Village (30 Min. Fußweg vom Bahnhof Waverley), ein echtes Postkartenmotiv, und dann Stockbridge, ein Bobo-Viertel mit zahlreichen Geschäften. Es folgt ein Spaziergang am Wasser entlang (45 Min.) in Richtung Norden zum angesagten Hafen von Leith.**
- **Busse nach Dean Village (Linie 19, 36, 41) bzw. Leith (Linie 11, 22, 35, 36)**

PRAKTISCHE INFOS

Busticket: Halten Sie Bargeld bereit, um eine Einzelfahrt oder einen Tagespass zu kaufen, oder nutzen Sie die kontaktlose Funktion Ihrer Bankkarte. Achten Sie auf Bankgebühren im Ausland.
Mobile App: »Transport for Edinburgh« für den ÖPNV und aktuelle Fahrpläne
Fahrradverleih: http://edinburghcyclehire.com

A DEAN VILLAGE

Das kleine Dean Village am Ufer des Flusses Water of Leith wurde von den Kanonikern der Holyrood-Abtei gegründet. Dank des fließenden Gewässers wurde seinerzeit in elf Wassermühlen Mehl hergestellt. Heute kann man hier Steinhäuser aus dem 17. Jh. und vor allem die bemerkenswerte Arbeitersiedlung Well Court mit einem Uhrenturm sehen, eine philanthropische Errungenschaft aus dem späten 19. Jh.

1 CAIRNGORM COFFEE

- Dieses Café hat viel zu bieten: eine helle, luftige Rotunde, frisch gerösteten Kaffee, originelle Teekannen, leckere *cakes*. Sehr netter Service.

1 Melvin Pl. | Mo–Fr 8–18, Sa, So 9–18 Uhr

 Die jeweiligen Öffnungszeiten finden Sie im Register ab S. 194.

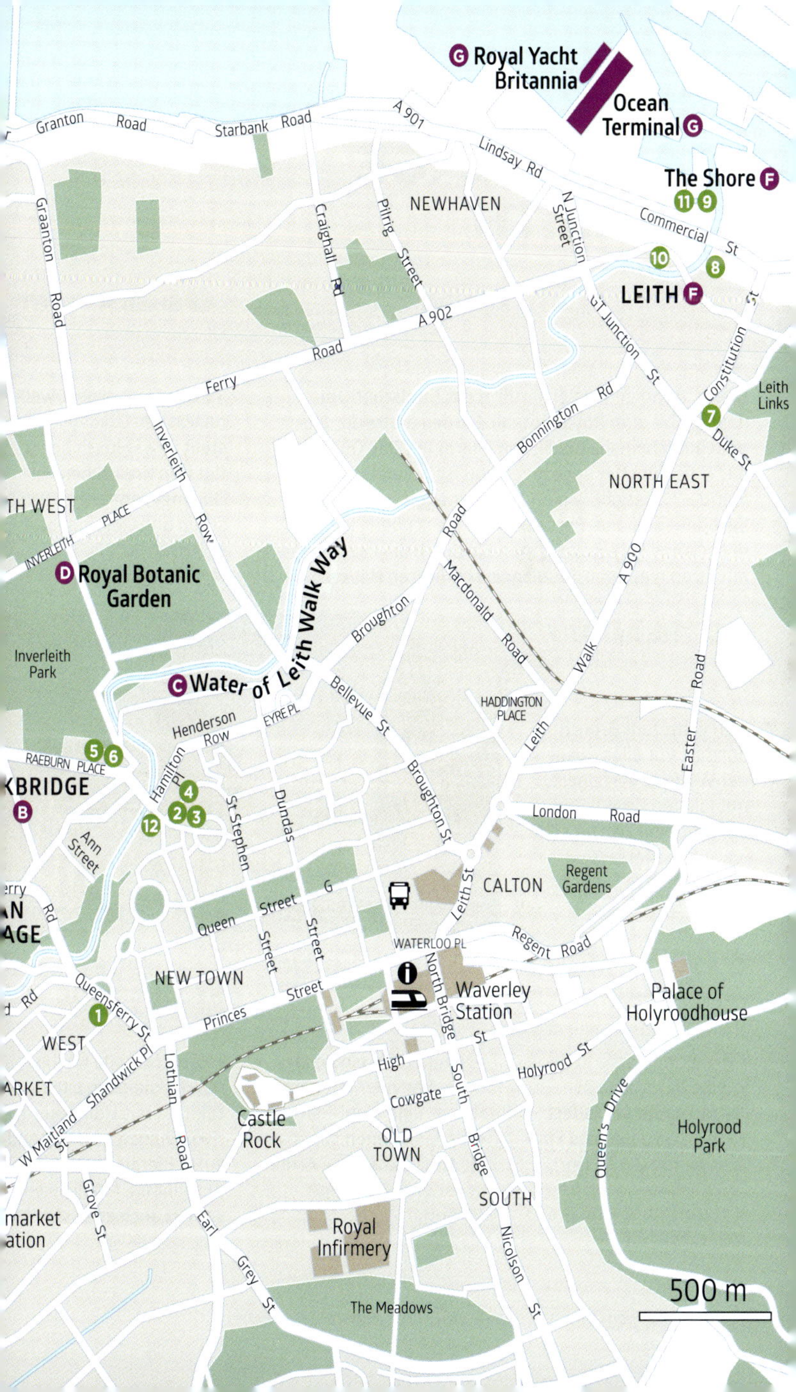

G Royal Yacht Britannia
Ocean Terminal G
The Shore F
11 9
10 8
LEITH F
Granton Road
Starbank Road
A 901
Lindsay Rd
NEWHAVEN
Craighall Rd
Pilrig Street
N Junction Street
Commercial St
Graanton Road
A 902
Ferry Road
GT Junction St
Constitution St
Leith Links
7
Duke St
Bonnington Rd
NORTH EAST
Inverleith Row
INVERLEITH PLACE
D Royal Botanic Garden
Water of Leith Walk Way
Road
Macdonald Road
A 900
Inverleith Park
Broughton
C Water of Leith
Bellevue St
Walk
Road
HADDINGTON PLACE
Leith
Henderson Row
EYRE PL
Easter
5 6
RAEBURN PLACE
Hamilton Pl
4
2 3
12
B
St Stephen
Dundas
Broughton St
London Road
Ann Street
Leith St
CALTON
Regent Gardens
Rd
G
Queen Street
Street
Street
WATERLOO PL
Regent Road
NEW TOWN
Queensferry St
Rd
Princes Street
North Bridge
Waverley Station
Palace of Holyroodhouse
1
WEST
St
Shandwick Pl
Lothian Road
High
Holyrood St
Cowgate
South
Queen's Drive
Castle Rock
OLD TOWN
Bridge
Holyrood Park
W Maitland St
Grove St
SOUTH
Earl
Royal Infirmary
Nicolson St
Grey St
The Meadows
500 m

DEAN VILLAGE UND LEITH

B STOCKBRIDGE

Dieses trendige Viertel nördlich des Stadtzentrums, das sich bis zum Royal Botanic Garden erstreckt, lockt mit einem beinahe dörflichen Charakter. Das Quartier hat viele Künstler angezogen und ist bekannt für seine Märkte, Kunstgalerien und *charity shops*, die bunten Secondhandläden. Entdecken Sie die schönen Fassaden in der Anne Street und gehen Sie durch die Circus Lane mit ihren niedrigen, blumengeschmückten Häusern.

2 SHEILA FLEET

»Sheila Fleet, eine Juwelierin von den Orkney-Inseln, stellt ihre keltisch beeinflussten Kreationen vor: Ohrringe, Anhänger, Broschen und vieles mehr.«

18 Stephen St. | Mo–Sa 10–17.30 Uhr

3 THE PANTRY

»Ich gehe zum Brunch dorthin, vor allem wegen der Waffeln, verfeinert mit lokalen Produkten! Bei schönem Wetter sitze ich auf der Terrasse.«

1 North West Circus Pl. | tgl. 9–16 Uhr

4 THE ANTIQUARY BAR

- Die altmodische Kellerkneipe hat sich in 35 Jahren kaum verändert.
- Poker, Quiz (Mi) und Folksession (Do 20.30 Uhr).

72–78 Stephen St. | Mo 16–23, Di 16–24, Mi 12–24, Do, Fr 12–1, Sa 11–1, So 11–24 Uhr

5 OXFAM MUSIC

- Nehmen Sie ein besonderes Souvenir mit nach Hause: eine Vinyl-Platte.
- Die Einnahmen gehen an die NGO Oxfam, die Armut in der Welt bekämpft.

64 Raeburn Pl. | Mo–Sa 10–17.30, Do bis 19.30, So 13–17 Uhr

6 THE STOCKBRIDGE TAP

- Hübsche helle Nachbarschaftskneipe in einem Eckhaus mit Holzdekoration, Blumenschmuck und guter Bierauswahl.
- Es gibt die Möglichkeit, vor Ort auch zu essen.

6 Raeburn Pl. | tgl. 13–23 Uhr

 Die jeweiligen Öffnungszeiten finden Sie im Register ab S. 194.

DEAN VILLAGE UND LEITH

REISETIPP 1

C WATER OF LEITH WALK WAY

Mehrere Zugänge zur Promenade: Gallery of Modern Art, Stockbridge, Royal Botanic Garden, The Shore, etc. | Eintritt frei

Dieser schöne und durchgängig asphaltierte Wanderweg beginnt in Balerno, südwestlich von Edinburgh, und führt durch interessante Quartiere bis zum 19 km entfernten Hafen von Leith. Auf dieser Tour durch die Stadt gibt es zahlreiche Cafés, Pubs, Restaurants, Aussichtspunkte und Museen zu entdecken. Wir empfehlen den Streckenabschnitt zwischen Dean Village und Leith, der etwa zwei Stunden in Anspruch nimmt. Folgen Sie dabei dem Fluss Water of Leith und machen Sie Pausen, wann immer es Ihnen gefällt. Dieser Spaziergang am Wasser entlang und zugleich im Herzen der Stadt vermittelt viel Ruhe und Gelassenheit.

D ROYAL BOTANIC GARDEN

Arboretum Pl. | Eintritt frei (Gewächshäuser Eintritt)

Der bereits 1670 gegründete Königliche Botanische Garten wurde Anfang des 19. Jhs. an dieser Stelle eröffnet und ist mit seinen fast 100 000 Pflanzen in verschiedenen Sammlungen der Stolz der Bewohner Edinburghs. Besonders beliebt sind das viktorianische Gewächshaus (Temperate Palm House) mit seinen Palmen, der chinesische Garten und die alten Gemüsebeete. Angeschlossen sind eine Galerie, ein Restaurant und zwei Cafés.

E LEITH

Der Hafen von Edinburgh ist ein beliebtes und lebhaftes Viertel, in dem es von Läden, Cafés und Galerien nur so wimmelt. Seine Vergangenheit war kaufmännisch und industriell geprägt.

F THE SHORE

An den Kais

Die alten Landungskais, die mit der Eröffnung größerer Docks überflüssig wurden, haben sich neu herausgeputzt und werden heute von Cafés und gehobenen Restaurants gesäumt.

DEAN VILLAGE UND LEITH

6 OCEAN TERMINAL UND ROYAL YACHT BRITANNIA

Ocean Drive | ganzjährig | Jacht Eintritt

Ocean Terminal nennt sich ein Einkaufszentrum mit einem großen Kino, einigen Restaurants und Dutzenden Geschäften, darunter **Scottish Design Exchange**, das Objekte *made in Scotland* im Sortiment hat. Direkt gegenüber liegt die ehemalige **Jacht von Königin Elizabeth II.** (1953–1997 im Dienst) vor Anker. Die königlichen Gemächer sowie die Quartiere für die Mannschaft können mit Audioguide besichtigt werden (2 Std.).

7 THE LIONESS OF LEITH

- Schön eingerichtetes Pub, gemütliche Atmosphäre mit Holztischen und Flipperautomaten.
- Lokale Biere und erstklassige Cocktails.

21–25 Duke St. | Mo–Do 16–1, Fr–So 12–1 Uhr

8 RESTAURANT MARTIN WISHART

- Eine Adresse für Feinschmecker, geführt von einem prominenten schottischen Chefkoch.
- Asiatisch und französisch inspirierte Küche.

54 Shore | Di–Sa 12–14, Di–Do 19–22, Fr, Sa 18.30–21.30 Uhr

9 TEUCHTERS LANDING

- Freundliche Bar, in der rund 90 Whiskys mit Dutzenden von schottischen Bieren und zahlreichen Gins konkurrieren.
- Helle Veranda und schöne Terrasse am Ufer.

1 Dock Pl. | tgl. 9.15–1 Uhr

10 ROSELEAF BAR CAFE

»Dieser hübsch mit Hüten dekorierte Pub ist der sympathischste der Gegend. Kommen Sie zur Essenszeit und testen Sie sich durch die vielen Biere.«

23–24 Sandport Pl. | tgl. 10–1 Uhr

11 DIE MÄRKTE VON STOCKBRIDGE UND LEITH

- Die Stände auf diesen beiden Nachbarschaftsmärkten haben lokales Kunsthandwerk und einige Spezialitäten im Angebot: geräucherte Muscheln, Crêpes, Honig, Öle, Sandwiches etc. Es ist ein Vergnügen, dort herumzuschlendern, das leckere Street Food zu kosten und mit den Handwerkern und Produzenten zu plaudern.

***Stockbridge Market:** Ecke Glanville St. und Saunders St. | So 10–17 Uhr | **Leith Market:** Dock Pl. | Sa 10–16 Uhr*

 Die jeweiligen Öffnungszeiten finden Sie im Register ab S. 194.

REISETIPP
1

HALBINSEL FIFE

MALERISCHE KLEINE HAFENSTÄDTCHEN

- **Die Südküste von Fife ist von malerischen kleinen Hafenstädtchen gesäumt. Es locken Kunstgalerien und wunderbare Cafés.**

St Andrews ist ein beliebtes Ziel für Golfspieler.

- **Erfahren Sie mehr über die Orte der Halbinsel: http//fifecoastandcountrysidetrust.co.uk**
- **Eine abwechslungsreiche Tour zu Fuß oder mit dem Auto führt entlang des Küstenwanderwegs Fife Coastal Path.**
- **www.welcometofife.com: Infos über die Region, mit Veranstaltungskalender (auf Englisch)**

UNTERWEGS AUF DER FIFE-HALBINSEL

Auto: Leicht befahrbare und gut ausgebaute Straßen
Bahn: Regelmäßige Verbindungen von Edinburgh nach Leuchars (St Andrews), Dunfermline, Aberlour etc.
Bus: Stagecoach verkehrt von Edinburgh nach Culross, Dunfermline, Elie, St Andrews und Cupar.
Gut zu wissen: Wenn Sie die Region mit öffentlichen Verkehrsmitteln erkunden wollen, sollten Sie eher zwei Tage einplanen.

EIN WENIG GESCHICHTE

Die fruchtbare Halbinsel Fife, die von den Schotten »The Kingdom« (»das Königreich«) genannt wurde, wurde über viele Jahrhunderte von Pilgern durchquert, die die Reliquien des hl. Andreas, des Schutzpatrons Schottlands, aufsuchten. Die Gegend galt auch als Kornkammer des Landes und beherbergte wichtige Häfen.

REISETIPP
1
Firth of Tay
Newport-
on-Tay 5
A 90
A 92
Guardbridge
Newburgh
St Andrews D 4
A 91
Cupar
A 915
A 91
6
Falkland
A 92
Largoward
Halbinsel Fife
Arncroach
Crail C 3
Anstruther B 1
A 915
Lower
Largo
Pittenweem 2
St Monans
Glenrothes
Elie A
A 92
Kirkcaldy
Aberdour
Firth of Forth
North Berwik
keithing
A 1
Edinburgh
A1
Haddington
Tranent
A 1
A 720
Dalkeith
A702
A 7
A 68
0 5 10 km

HALBINSEL FIFE

A ELIE

Gehen Sie um den langen geschwungenen Strand herum, um die Ortschaft von der anderen Seite der Bucht aus zu betrachten. Hier befindet sich auch eine Wassersportbasis (Elie Watersports).

B ANSTRUTHER

Scottish Fisheries Museum Eintritt | Touren zur Insel May nur April–Sept.

Dieses Städtchen, das etwas größer als Elie ist, wartet mit dem **Scottish Fisheries Museum** auf, einem Haus, das die Geschichte der schottischen Fischerei zum Thema hat. Zwischen April und September können Sie an einem Ausflug zur vorgelagerten kleinen **Isle of May** teilnehmen (Isle of May Boat Trips oder Anstruther Pleasure Cruises), um Papageientaucher und andere schottische Seevögel zu beobachten.

1 ANSTRUTHER FISH BAR

Anstruther

- Preisgekrönt für seine Fish & Chips, die Lokalität enttäuscht nicht.
- Amerikanische Diner-Atmosphäre, einfach, praktisch und schnell.

42–44 Shore St. | tgl. 11.30–21, Fr, Sa bis 21.30 Uhr

2 THE COCOA TREE SHOP

Pittenweem

- Probieren Sie die heiße Schokolade der angrenzenden Chocolaterie.
- Bei einigen Gerichten wird Schokolade verwendet (z. B. Bohnensuppe mit Kakao) – originell.

9 High St. | Di–So 10–17 Uhr

C CRAIL

Museum Nov.–März geschl. | Eintritt frei

Sicher das malerischste Küstendorf. Galerien und Cafés haben die Fischerhütten ersetzt, aber das Flair ist noch da. Und es lockt ein kleines Museum: das Crail Museum & Heritage Centre.

3 CRAIL HARBOUR GALLERY

Crail

»Galerie-Café in einem renovierten Bauernhaus aus dem 17. Jh. Werfen Sie einen Blick auf das lokale Kunsthandwerk, insbesondere auf die Werke von DS Mackie.«

Shoregate | tgl. 10–17 Uhr

 Die jeweiligen Öffnungszeiten finden Sie im Register ab S. 194.

REISETIPP 1

ALBINSEL FIFE

ST ANDREWS

Golfmuseum, Schloss und Kathedrale Eintritt

St Andrews, das einstige religiöse Zentrum Schottlands, ist auch für seine Universität und **The Old Course**, den ältesten noch in Betrieb befindlichen Golfplatz, bekannt. Die Kathedrale von St Andrews, die im 14. Jh. geweiht und im 16. Jh. aufgegeben wurde, erinnert an die einstige Bedeutung des Ortes. Der Zugang zu den Ruinen der Kathedrale ist frei, der Besuch des Museums lohnt sich für all jene, die mehr erfahren wollen. Das am Wasser gelegene **St Andrews Castle**, ein ehemaliger Bischofspalast, st ein romantischer Ort. Und wer sich für die Entwicklung des Golfsports in Schottland nteressiert, sollte das **British Golf Museum** nicht verpassen.

4 JANNETTAS GELATERIA

St Andrews

- Diese italienische Eisdiele ist seit einem Jahrhundert stadtbekannt.
- Über 50 Geschmacksrichtungen – zum Mitnehmen oder Verzehr vor Ort.

31 South St. | Mo–Sa 9–22, So 10–22 Uhr

5 THE NEWPORT RESTAURANT

Newport-on-Tay

- Eines der besten Restaurants in der Region.
- Lokale Spezialitäten: Krabben aus Fife, Schellfisch aus Arbroath.

1 High St. | Di–Mi 18–21.30, Do–Sa 12–14.30, 18–21.30, So 12–15.30 Uhr

6 PILLARS OF HERCULES

Cupar

- Dieser Bio-Bauernhof verfügt über Gewächshäuser, einen kleinen Laden und ein Café.
- Einfache Küche: Suppen, frische Salate und hausgemachte Kuchen.

An der A 912 | tgl. 9–18 Uhr

DIE WELT DES *OUTLANDER*

AUF DEN SPUREN VON CLAIRE UND JAMIE

• VisitScotland hat eine Karte mit allen Drehorten von *Outlander* herausgegeben, geordnet nach Jahreszeiten: www.visitscotland.com/see-do/attractions/tv-film/outlander

DER ERFOLG EINER SAGA

Outlander ist eine Fernsehserie über den charmanten Highlander Jamie und die Engländerin Claire, die auf magische Weise aus dem 20. Jh. in die 1740er-Jahre zurückversetzt wird, wo sie Jamie kennenlernt. Die Serie basiert auf der *Highland-Saga* der amerikanischen Schriftstellerin Diana Gabaldon aus dem Jahr 1991. Zu allen Jahreszeiten wurden hier Szenen gedreht, viele davon in der Umgebung von Edinburgh.

ANREISE UND VERKEHRSMITTEL

Auto: Einige Drehorte sind nur schwer erreichbar, ein Auto ist daher das beste Transportmittel.
Bus: Wenn Sie mit dem Bus unterwegs sind, planen Sie mehrere Tage für die Besichtigung ein.
Fahrpläne der öffentlichen Verkehrsmittel auf **www.travelinescotland.com**

BESICHTIGUNG

Freier Eintritt: die Orte Culross und Falkland, das Äußere des Doune Castle
Besichtigung der Schlösser: jeweils Eintritt

ORGANISIERTE AUSFLÜGE

Es gibt Tagesausflüge ab Edinburgh zu den wichtigsten Drehorten der Fernsehserie *Outlander* (auf Englisch).
Anbieter: Rabbie's Tours (www.rabbies.com), Highland Explorer Tours (www.highlandexplorertours.com), Haggis Adventures (www.haggisadventures.com) etc.

Reisetipp 1
Aberfeldy
Blairgowrie
Dunkeld
Loch Tay
Tay
Sidlaw
A 926
A 923
A 322
A 9
Dundee
A 90
Firth of Tay
A85
Comrie
Crieff
Perth
Earn
Elcho Castle
A 92
Cupar
Muthill
Auchterarder
M 90
M 91
Falkland E 2
Glenrothes
3 Doune
F Doune Castle
Dunblane
Castle Campbell
Kinross
Loch Leven
M 91
Tillicoultry
A 811
Stirling
A 92
Kirkcaldy
Dunfermline
Kincardine
A 985
Aberdour
1 D Culross
C Blackness Castle
Firth of Forth
Falkirk
M 9
Hopetoun House A
B Midhope Castle
Linlithgow
M 80
A 720
Edinburgh
A 68
M 8
A 7
A 71
A 701
A 702
0
10
20 km

DIE WELT DES *OUTLANDER*

A HOPETOUN HOUSE

South Queensferry | Nov.–März geschl. | Eintritt

Hopetoun House wurde in der Fernsehserie *Outlander* gleich mehrfach als Kulisse verwendet, vor allem als Wohnsitz des Herzogs von Sandrigham in der ersten Staffel. Einige Räumlichkeiten dienten auch für die Pariser Wohnung von Jamie und Claire in der zweiten Staffel als Set. In diesem georgianischen Herrenhaus aus dem 17. Jh. sind die Innenräume gut erhalten – mit eleganten Bücherregalen und zeitgenössischen Möbeln.

B MIDHOPE CASTL

Nahe Hopetoun House | eingeschränkte Besichtigung

Fans der Serie kennen Midhope Castle unter dem Namen »Lallybroch« als Jamies Familienhaus. Der Zugang zu diesem Gebäude ist beschränkt (Informationen unter www.hopetoun.co.uk).

C BLACKNESS CASTLE

Eintritt

Das Quartier von Black Jack Randall, das in der Serie in Fort William angesiedelt ist. Gleich in der Nähe liegt der Linlithgow Palace (S. 58), der als Drehort für das Wentworth-Gefängnis diente.

REISETIPP 1

DIE WELT DES *OUTLANDER*

D CULROSS

Culross Palace Nov.–März geschl. | Eintritt

Der urige Ort, der vom National Trust for Scotland betreut wird, und sein Palast dienten in *Outlander* als Filmset, um Cranesmuir, das Dorf unweit von Castle Leoch, darzustellen. Der Palast kam mit seinem wunderbaren Garten (Claires Kräutergarten) vor, ebenso Geillis Duncans Laden. Sie werden auch Mercat Cross wiedererkennen, den zentralen Platz, auf dem Jamie einen Jungen rettet, der mit dem Ohr an den Pranger genagelt wurde.

1 BISCUIT CAFE

Culross

»Dieses helle Café, das über einer Töpferwerkstatt eingerichtet wurde, ist das netteste im Ort. Die Gerichte sind einfach und lecker, mehr kann man nicht verlangen.«

Sandhaven | tgl. 10–17 Uhr

E FALKLAND

Falkland Palace Nov.–März geschl. | Eintritt

Das hübsche Dorf in Fife wird auf der Leinwand zu jenem Inverness, das Claire und Frank 1940 (Staffel 1) entdecken. Erinnern Sie sich an den zentralen Platz und Mrs. Baird's Guesthouse? Auch der Falkland Palace ist einen Besuch wert. Diese mittelalterliche Burg wurde im 15. Jh. von der Stuart-Dynastie in ein Jagdschloss umgewandelt. Hier kann man auch den ältesten noch in Betrieb befindlichen Tennisplatz der Welt besuchen.

2 CAMPBELL'S COFFEE HOUSE

Falkland

- Sehr gut gelegenes Café.
- Man verwendet vor allem Produkte aus der Region.
- Die leckeren Pfannkuchen werden mit Beerenmarmelade serviert.

The Cross | Mo–Fr 10–17, Sa, So 9.30–17 Uhr

F DOUNE CASTLE

Doune | Eintritt

Die Burg Doune Castle, die bereits in *Die Ritter der Kokosnuss* oder *Game of Thrones* zu sehen war, ist in der ersten Episode von *Outlander* sehr gut zu erkennen: Es ist dort die fiktive Burg Castle Leoch.

3 BUTTERCUP CAFE

Doune

- Ein kleines, einfaches Café, in dem man auf die Schnelle etwas essen kann.
- Serviert werden Sandwiches, Lachsbrötchen und zum Dessert feine Torten.

7 Main St. | tgl. 9–16, Sa bis 17 Uhr

DUNDEE

KULTURGENUSS IN SCHOTTLANDS SONNIGSTER STADT

- **Dundee (150 000 Einw.) ist eine vibrierende, aufregende Stadt, die immer mehr Besucher in ihren Bann zieht.**
- **Mit seinen kostenlosen Museen und Straßenzügen, die unzählige Skulpturen und Wandgemälden zieren, bietet Dundee eine Menge. Das gesamte Stadtzentrum kann gut zu Fuß erkundet werden.**
- **VisitScotland iCentre: 16 City Square, Mo–Sa 9.30–17 Uhr**
- **www.openclosedundee.co.uk: Infos und Rundgänge zu den Streetart-Werken**

VON EDINBURGH NACH DUNDEE

Auto: 1.15–1.35 Std. Fahrzeit je nach Reiseroute (A 92 oder M 90). Im Stadtzentrum ist das Parken eingeschränkt, achten Sie auf die Beschilderung.
Bahn: 1.20 Std.
Bus: 1.35 Std.
www.travelinescotland.com: Fahrpläne der öffentlichen Verkehrsmittel

EIN WENIG GESCHICHTE

Dundee war einst ein bedeutender Industriestandort und Handelshafen, der sich auf die Tuch- und Juteindustrie sowie den Schiffbau spezialisiert hatte. Die Stadt hat sich nach dem Strukturwandel im 20. Jh. neu erfunden, indem sie sich auf Design in all seinen Facetten ausgerichtet hat. Dundee glänzt heute durch seinen Erfindungsreichtum und seine jugendliche Ausstrahlung. Als Zeichen der Wiedergeburt nach einer lang andauernden Strukturkrise wurden die Ufer des Tay komplett neu gestaltet.

REISETIPP 1
Dundee Law
Law Hill
Dudhope Park
The McManus
Verdant Works
Overgate Shopping Centre
The HMS Unicorn
V&A Museum of Design
Discovery Point
Dundee Contemporary Arts
Dundee Science Centre
Tay
TAY ROAD BRIDGE
SOMERVILLE PL
Law Rd
Kinghorne Rd
Adelaide Place
Albany Terrace
Dudhope Terrace
Infirmary Brae
Upper Constitution St
Carmichael St
Rosebank
Hilltown
Constitution Road
Alexander St
Forebank Rd
Nelson St
William St
Victoria Road
Princes St
King St
Dudhope St
North Market Gait
Victoria Rd
East Marketgait
Cowgate
Seagate
Murraygate
Commercial St
Panmure St
Bell St
Meadowside
Reform St
Ward Rd
South Ward Rd
Barrack St
W Bell St
West Marketgait
Brown St
Blinshall St
Ash St
Douglas St
Brewery La
Brook St
Milne St
W Henderson's Wynd
Guthrie St
Larch St
Blackness Rd
Hawkhill
Old Hawkhill
Bellfield
Small's Wynd
Park Place
West Port
South Tay St
Nethergate
High St
Whitehall St
Castle St
Exchange St
Thomson Av
South Crichton St
South Castle St
Esplanade
Riverside Drive
Greenmarket
Trades La
Candle La
Gellatly St
South Marketgait
Camperdown St
East Dock St
Perth Road
Millers Ave
Westfield Pl
Seafield Rd
Roseangle
Thomson St
Yard Rd
Riverside
200 m

DUNDEE

Ⓐ V & A MUSEUM OF DESIGN

1 Riverside Esplanade | ständige Ausstellung Eintritt frei, Wechselaustellungen Eintritt

Als kleiner Bruder des Victoria & Albert Museum in London wurde die Dependance in Dundee 2018 eröffnet und erfreut sich seither großer Beliebtheit. Ihre eigenwillige lamellenartige Architektur und die Attraktivität der Sammlungen sind inspirierend. Präsentiert wird die ganze Bandbreite des schottischen Designs. Das Haus punktet auch mit einem gemütlichen Café, in dem man gut zu Mittag essen kann, sowie einem Kuriositätenladen.

Ⓑ DISCOVERY POINT

Riverside Drive | Eintritt

Neben dem V & A liegt die *RRS Discovery*, ein Dreimaster, der 1901 in Dundee gebaut wurde, um die Arktis zu erforschen. Der Discovery Point zeigt die Geschichte des Schiffes, das man besteigen kann.

① THE FLAME TREE CAFE

• Dieses eher schlicht gehaltene Café serviert seinen Gästen kleine, farbenfrohe Speisen, z. B. *rainbow bagels* in den Farben des Regenbogens.

20 Exchange St. | Mo–Sa 10–16 Uhr

Ⓒ DUNDEE CONTEMPORARY ARTS

152 Nethergate | Eintritt frei

Diese 1999 eröffnete Galerie für zeitgenössische Kunst veranstaltet fünf Ausstellungen pro Jahr, in denen große Namen der Kunstszene gemeinsam mit aktuellen Entdeckungen gezeigt werden. Die dabei vorgestellten Werke sind immer einen Besuch wert. Das Café vor Ort ist sehr gemütlich und lädt zum Verweilen ein. Angeschlossen sind außerdem zwei Kinos und das Visual Research Centre der University of Dundee.

② GALLERY 48

• Ein spanisch inspiriertes Restaurant, in dem Sie umgeben von Kunstwerker und Fotografien speisen.
• Bestellen Sie am besten mehrere Portionen zum Teilen im Tapas-Stil.

48 West Port | tgl. 12–24 Uhr

 Die jeweiligen Öffnungszeiten finden Sie im Register ab S. 194.

DUNDEE

REISETIPP 1

3 FISHER & DONALDSON

- 100 Jahre alte Bäckerei, in der es lokale Orangenmarmelade und *fudge donuts*, mit Karamell überzogene Krapfen, gibt.
- Sandwiches und Gebäck.

12 Whitehall St. | Mo–Sa 8–17 Uhr

4 MADIGAN'S TEA ROOM & BOOKSHOP

»Ein Teesalon, der als Secondhand-Buchhandlung fungiert – oder umgekehrt? Genießen Sie ein Stück Kuchen mit einem Buch in der Hand!«

25 Castle St. | Di–Sa 10–16, So, Mo 12–16 Uhr

D VERDANT WORKS

W. Henderson's Wynd | Eintritt

Die ehemalige Textilfabrik aus dem 19. Jh. wurde in den 1990er-Jahren in ein Museum umgewandelt. Hier erfährt man vieles über die Bedeutung der Jute-Industrie – sehr didaktisch aufbereitet.

E THE MCMANUS

Albert Square | Eintritt frei

In den acht Galerien werden die Geschichte Dundees und seine Kunstszene vorgestellt. Wechselnde Ausstellungen beleuchten verschiedene Aspekte der lokalen Kultur. Eine sehr interessante Sammlung.

IN DER UMGEBUNG VON DUNDEE

Spaziergänge außerhalb des Stadtzentrums | frei zugänglich

Dundee Law: Der Gipfel dieses längst erloschenen Vulkans ist heute ein Wahrzeichen von Dundee und bietet einen herrlichen Ausblick auf die Stadt (2 Std. Fußweg ab V & A Museum oder Bus 28 oder 29 ab St Mary's Church). Oben befindet sich eine Aussichtsplattform mit dem Denkmal für die Gefallenen der Weltkriege.
Broughty Ferry: Dieser östliche Vorort von Dundee besitzt einen schönen Strand, gesäumt von alten Fischerhäusern und dem Broughty Castle (heute ein Museum), und ist ein eher gediegenes Quartier, das sich bei einem Ausflug wunderbar erkunden lässt (mit den Buslinien 5 oder 10 vom Stadtzentrum aus erreichbar).

STIRLING

KLEIN-EDINBURGH AM EINGANG ZU DEN HIGHLANDS

- **Stirling, das »Tor zu den Highlands«, spielte eine wichtige Rolle in der schottischen Geschichte: In der Umgebung wurden die entscheidenden Schlachten geschlagen.**
- **VisitScotland iCentre: Old Town Jail, St John St., tgl. 10–17 Uhr**
- **www.yourstirling.com: Infos über aktuelle Veranstaltungen**

VON EDINBURGH NACH STIRLING

Auto: knapp 1 Std. Fahrt über die M 9, Parken (kostenpfl.) vor dem Schloss
Bahn: 50 Min.
Bus: ca. 1 Std.
www.travelinescotland.com: Fahrpläne der öffentlichen Verkehrsmittel

UNTERWEGS IN STIRLING

Im Stadtzentrum: Alle Sehenswürdigkeiten sind zu Fuß leicht erreichbar.
Außerhalb des Zentrums: Busse von First Bus fahren nach Bannockburn und zum Wallace Monument.

BESICHTIGUNG

Stirling City Pass: ermöglicht einen schnellen und ermäßigten Zugang zum Stirling Castle, zum alten Gefängnis (Old Town Jail) und zum Wallace Monument; 2 Tage gültig, Juli–Sept., Erwerb im VisitScotland iCentre oder online unter www.stirlingcitypass.com

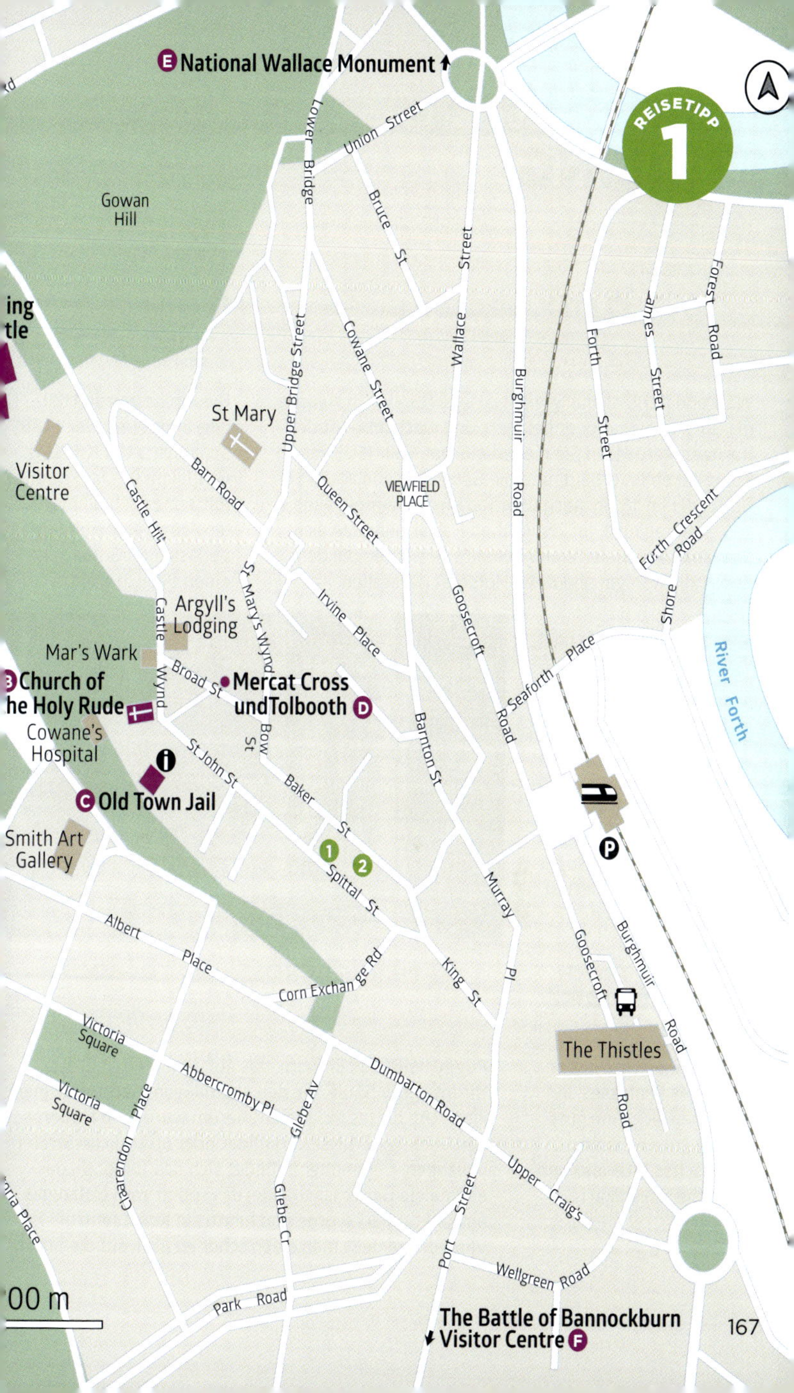

National Wallace Monument
REISETIPP 1
Gowan Hill
Union Street
Lower Bridge
Bruce St
Wallace Street
Upper Bridge Street
Cowane Street
Burghmuir Road
Forth Street
James Street
Forest Road
St Mary
Visitor Centre
Barn Road
Castle Hill
Queen Street
VIEWFIELD PLACE
Forth Crescent
Shore Road
Argyll's Lodging
St Mary's Wynd
Irvine Place
Goosecroft Road
Mar's Wark
Castle Wynd
Broad St
Church of the Holy Rude
Mercat Cross und Tolbooth
Seaforth Place
River Forth
Cowane's Hospital
Bow St
Barnton St
Old Town Jail
St John St
Baker St
Smith Art Gallery
Spittal St
Murray Pl
Albert Place
Goosecroft Road
Burghmuir Road
Corn Exchange Rd
King St
The Thistles
Victoria Square
Abbercromby Pl
Glebe Av
Dumbarton Road
Victoria Square
Place
Clarendon
Glebe Cr
Upper Craig's
Port Street
Wellgreen Road
Park Road
00 m
The Battle of Bannockburn Visitor Centre

STIRLING

A STIRLING CASTLE

Castle Esplanade | Eintritt

Während der Unabhängigkeitskriege (13.–14. Jh.) wurde die Burg immer wieder belagert und wechselte oft den Besitzer. Verpassen Sie nicht die Great Hall, 1503 von König Jakob IV. erbaut, und die Gemächer von Maria von Guise, die im 16. Jh. nach dem Tod ihres Mannes Jakob V. das Land regierte. Im königlichen Palast befinden sich Dutzende geschnitzte und bemalte Gesichter, die den König, die Königin und ihren Hofstaat darstellen.

B CHURCH OF THE HOLY RUDE

St John St. | Okt.–April geschl.

Die Kirche wurde 1129 gegründet und war 1488 Schauplatz der Krönung von Jakob IV. Der Friedhof mit seiner geheimnisvollen Atmosphäre und den verlassenen Gräbern ist einen Besuch wert.

C OLD TOWN JAIL

St John St. | Nov.–Anfang April geschl. | Eintritt

Dieses Gefängnis aus dem Jahr 1847 war seinerzeit sehr modern: Einzelzellen, Resozialisierungsprogramme und vieles mehr. Man kann es sogar mit einem kostümierten Führer besichtigen.

1 OLD TOWN COFFEE HOUSE

- Ein kleines Café in der Nähe des Schlosses, in dem man sich eine gute Suppe gönnen kann.
- Hübsches Interieur und einfache Speisekarte.

38 Spittal St. | Mi–So 10–18 Uhr

D MERCAT CROSS UND TOLBOOTH

Broad St.

Puggy heißt das Einhorn, das auf dem Mercat Cross thront, einer Säule, die den ehemaligen Marktplatz markiert. Um dieses Monument herum wurden in früherer Zeit wichtige Erlasse verkündet oder öffentliche Strafen vollzogen. Gegenüber befindet sich das Tolbooth, das ehemalige Gerichtsgebäude, das später zum Gefängnis umfunktioniert wurde und heute ein Kunstzentrum ist. Von dort genießt man einen schönen Blick auf die Stadt.

REISETIPP 1

② BREA RESTAURANT

• Im Mittelpunkt dieses kleinen Restaurants steht die schottische Küche.
• Originelle Gerichte, es wird viel Wert auf frische Produkte gelegt.
5 Baker St. | tgl. 12–21, Fr, Sa bis 22 Uhr

Ⓔ NATIONAL WALLACE MONUMENT

Hillfoots Road, Anfahrt mit Bus 23 oder 52 | frei zugänglich, Turm Eintritt

Dieses in den 1860er-Jahren errichtete neogotische Bauwerk ehrt William Wallace, den Sieger der Schlacht von Stirling Bridge im Jahr 1297 und Anführer des Widerstands gegen Eduard I. von England (erinnern Sie sich an den Film *Braveheart*?). Wenn man die 246 Stufen des Denkmals hinaufsteigt, erfährt man viel über diesen schottischen Helden, bevor man von einem herrlichen Panoramablick auf die Region belohnt wird.

Ⓕ THE BATTLE OF BANNOCKBURN VISITOR CENTRE

Glasgow Road, Anfahrt mit Bus 51 oder M8 | Eintritt

Das 2014 eröffnete Museum erzählt von der Schlacht von Bannockburn (1314), in der die schottischen Truppen unter Robert Bruce gegen die Engländer kämpften. Der schottische Sieg ist bis heute in Erinnerung geblieben. Dieses moderne Museum versetzt Besucher mithilfe zahlreicher Bildschirme und Spezialeffekte in das Herz der Schlacht. Hinter dem Museum befindet sich ein Gedenkpark mit einer Reiterstatue von Bruce.

DIE LOTHIANS

ABWECHSLUNGSREICHE KÜSTENREGION

- **Die Lothians umfassen die Region östlich und südlich von Edinburgh.**
- **Im Westen: schöne Schlösser und historisches Erbe; im Osten: der Lockruf der Nordsee**

PRAKTISCHE INFOS

Bahn: Mit ScotRail können Sie nach North Berwick und Dunbar fahren. Mit einem Off-Peak Day Return Ticket lässt sich Geld sparen.
Bus: Bietet die Möglichkeit, auch kleinere Gemeinden zu erreichen. Lothian Buses, East Coast Buses und First Bus haben verschiedene Verbindungen im Angebot.
Planen Sie Ihre Fahrten mit öffentlichen Verkehrsmitteln auf: **www.travelinescotland.com**

A ABERLADY

Bus 124 oder X5 ab Edinburgh

Das Küstendorf besitzt ein Naturschutzgebiet und eine Kirche aus dem 15. Jh. Von Edinburgh aus ist Aberlady mit dem Bus schnell zu erreichen. Besonders schön ist ein Spaziergang am Strand.

B NORTH BERWICK

Anreise mit dem Zug von Edinburgh (35 Min.)

Die kleine Stadt am Meer birgt einige Schätze: **The Law**, einen vulkanische Hügel, von dem man eine schöne Aussicht hat, und das **Scottish Seabird Centre** (am Pier), das über die schottische Vogelwelt informiert. Es werden auch Bootsausflüge organisiert. Die kleine unbewohnte Felseninsel, die Sie in der Ferne sehen, ist **Bass Rock**. Sie wird von unzähligen Vögeln bewohnt und beherbergt eine der größten Basstölpel-Kolonien im Land.

1 THE ROCKETEER

North Berwick

- Meeresfrüchte mit Blick auf das Meer genießen.
- Probieren Sie im Sommer in dieser Hütte am Hafen den Lobster Shack. Exzellente Fish & Chips.

26 Victoria Rd. | tgl. 9–20, Fr, Sa bis 21, So bis 17.30 Uhr

2 THE HERRINGBONE

North Berwick

- Kreatives Restaurant mit skandinavischem Flair
- Probieren Sie doch die Forelle, die mit Muscheln und einer würzigen Soße serviert wird.

1 Westgate | Mo–Mi 12–23, Do 12–24, Fr 12–1, So 10–24 Uhr

 Die jeweiligen Öffnungszeiten finden Sie im Register ab S. 194.

REISETIPP 1
Largoward
Crail
A 92
A 915
Glenrothes
Lower Largo
Anstruther
Elie
May
NORDSEE
A 92
Kirkcaldy
Firth of Forth
berdour
North Berwick B 1 2
Dirleton Castle
Tantallon Castle C
A Aberlady
E National Museum of Flight
Dunbar D 3
A 1
Edinburgh
A1
Haddington F
Tranent
A 1
Gifford 4
A 720
Dalkeith
A 68
G Rosslyn Chapel
A 701
A 7
Lauder
A697
Eddleston
A 703
Stow
A68
Peebles
0 5 10 km
Earlston

DIE LOTHIANS

C TANTALLON CASTLE

An der A 198 | Eintritt

Die Burg auf einem hohen Kliff mit Blick auf Bass Rock wurde Mitte des 14. Jhs. von Graf William Douglas erbaut und mehrmals belagert. Die romantischen Ruinen können besichtigt werden.

D DUNBAR

An der A 1087

Die Stadt am Meer, die von einer Burgruine überragt wird, ist der Geburtsort von John Muir, der zum »Vater der amerikanischen Nationalparks« wurde. Der Strand und der Küstenweg sind sehr ansprechend.

3 THE ROCKS

Dunbar

- Sehr gutes Essen mit tollem Blick auf das Meer.
- Auf den Teller kommt beispielsweise Beef Wellington oder Fischpastete.
- Große Spirituosenkarte.

Marine Rd. | Mo–Sa 12–22, So 12–18 Uhr

E NATIONAL MUSEUM OF FLIGHT

East Fortune Airfield | Eintritt

Das Museum erzählt die Geschichte der schottischen Luftfahrt. Man kann dort eine Concorde sehen und einige Cockpits besichtigen. Fans der Fliegerei sollten dieses Haus nicht verpassen.

F HADDINGTON

An der A1 | John Gray Centre | Okt.–März Mi, Do geschl. | frei zugänglich

Haddington ist Verwaltungssitz der Council Area East Lothian und war im Mittelalter eine der wichtigsten Städte Schottlands. Machen Sie doch einen Spaziergang entlang des Flusses Tyne, wo Sie eine Brücke aus dem 13. Jh. und am Nordufer die St Mary's Parish Church, eine über 700 Jahre alte Kirche, besichtigen können. Das John Gray Centre beherbergt außerdem ein kleines Museum zur lokalen Geschichte.

4 LANTERNE ROUGE

Gifford

»Auf dem Weg nach Haddington liegt dieses einfache Café, das bei Radfahrern beliebt ist. Es serviert sehr gute *scones* und bietet eine hübsche Auswahl an Teesorten.«

1 Main St. | tgl. 9–16 Uhr

G ROSSLYN CHAPEL

Chapel Loan, Roslin | Eintritt | Fotoverbot im Inneren

Diese kleine katholische Kapelle wurde im 15. Jh. von der Familie Sinclair errichtet und besticht durch ihre reiche Dekoration. Jeder Pfeiler und jede Wand wurden mit feinen Schnitzereien und Figuren verziert. Dan Brown erwähnt die Kapelle am Ende seines Romans *Sakrileg*, als Sophie erfährt, dass sie selbst eine Nachfahrin von Maria Magdalena und Jesus ist. Die Romanverfilmung machte Rosslyn Chapel dann einem Weltpublikum bekannt.

 Die jeweiligen Öffnungszeiten finden Sie im Register ab S. 194.

REISETIPP
1

DIE BORDERS

SCHOTTLANDS SÜDGRENZE

- **Die Borders sind weit weniger besucht als der Rest Schottlands, was ihren besonderen Reiz ausmacht.**
- **Wenn Sie mit dem Zug von Edinburgh nach Tweedbank fahren, können Sie Abbotsford House und Melrose Abbey besuchen. Ein schöner Spaziergang entlang des Tweed verbindet die beiden Stätten miteinander.**
- **Für den Besuch weiterer Abteien der Borders sollten Sie Ihre Reise mit dem Auto planen.**

PRAKTISCHE INFOS

Auto: das Mittel der Wahl, um die Region zu erkunden
Bahn: 1 Std. von Edinburgh nach Tweedbank; wandern Sie dann nach Abbotsford oder zur Melrose Abbey.
Bus: Das Busnetz ist gut ausgebaut, aber komplex; Infos auf www.travelinescotland.com
Tourist-Infos: in Kelso, Melrose, Jedburgh

DIE ABTEIEN DER BORDERS

Um seine Macht zu festigen und die Tiefe seines Glaubens zu bezeugen, gründete König David I. eine Reihe von Klöstern in den Borders, dem Grenzgebiet zwischen Schottland und England. Während der Unabhängigkeitskriege wurden die Klöster zerstört und anschließend wieder aufgebaut. Nach der Reformation wurden sie jedoch verlassen und verfielen anschließend. **Melrose** und **Jedburgh** waren die bedeutendsten. Die Abtei von **Kelso** ist fast verschwunden (die Ruinen können kostenlos besichtigt werden). **Dryburgh** ist wohl die ergreifendste Abtei und beherbergt das Grab des Dichters Walter Scott (ohne Auto von St Bothwells aus zu Fuß in 30 Min. erreichbar).

Firth of Forth
REISETIPP 1
Edinburgh
A 1
A1
Haddington
Tranent
Dalkeith
Gifford
A 720
A702
Rosslyn Chapel
A 68
Cranshaws
A 7C1
A 7
Lauder
A697
Greenlaw
Eddleston
Stow
Gordon
A 703
A68
Peebles
Earlston
Traquair House
Innerleithen
Old Gala House
Tweedbank
A 1
Melrose Abbey
Floors Castle
Kelso 3
Abbotsford House
B
Melrose
Dryburgh Abbey
A709
Selkirk
St Boswells
Bowhill House
2 Ancrum
St. Mary's Loch
A 7
Jedburgh
Jedburgh Abbey
Hawick
A68
Bonchester Bridge
Teviothead
ENGLAND
A 7
0 5 10 km

DIE BORDERS

A MELROSE ABBEY

Abbey St., Melrose | Eintritt (Audioguide inkl.)

Die Abtei wurde 1136 gegründet und ist mit ihren Wasserspeiern und Skulpturen ein Musterbeispiel des gotischen Stils. Das Kloster wurde mehrmals von den Engländern angegriffen und anschließend wieder aufgebaut. Im hinteren Teil befindet sich ein Museum, in dem einige bei Ausgrabungen gefundene Objekte ausgestellt sind. Der Besuch von Melrose Abbey ist ein wichtiger Beitrag zum Verständnis der Geschichte der Region.

1 THE HOEBRIDGE

Melrose

- Eine Kneipe, die sich durch ihr Design und ihren Charme von den umliegenden Pubs abhebt.
- Saisonale Speisekarte mit lokalen Produkten.

Hoebridge Rd. East | Mi–Sa 17.30–21.30 Uhr

2 ANCRUM CROSS KEYS

Ancrum

- Ländliches Pub, Fish & Chips, Burger etc.
- Probieren Sie das lokale Bier Born in the Borders, dessen Brauerei eng mit dem Pub verknüpft ist.

Mo–Fr 17–23, Sa 12–1, So 12–23 Uhr

B ABBOTSFORD HOUSE

Über die B 6360 (nach Verlassen von Tweedbank) | Dez.–Feb. geschl. | Eintritt

Sir Walter Scott, der meistgefeierte Romancier Schottlands, verbrachte in diesem Herrenhaus seine letzten Lebensjahre. Dank eines informativen Audioguides erfährt man viel Wissenswertes über den Alltag dieses Mannes. Er hatte das 1824 erbaute Haus mit dem wunderschönen Garten selbst mitgestaltet. Im Besucherzentrum gibt es ein Café und eine kleine Ausstellung über Scotts Einfluss auf die schottische Kultur.

3 THE COBBLES

Kelso

- In der ehemaligen Herberge aus dem 19. Jh. kommt ein klassisches lokales Menü auf den Tisch.
- Es gibt auch Indian Style Wraps und Currys.
- Bestellen Sie abends das seltene *partridge* (Rebhuhn).
- Testen Sie das lokale Bier (Tempest Brewing Co), das vom Wirt persönlich kreiert wurde.

7 Bowmont St. | Di–Do 11.30–23, Fr, Sa 11 Uhr bis spät in die Nacht, So 12–23 Uhr

 Die jeweiligen Öffnungszeiten finden Sie im Register ab S. 194.

REISETIPP
1

INVERNESS — WICK — DURNESS — ULLAPOOL — APPLECROSS — INVERNESS

ROAD TRIP AN DIE NORDKÜSTE (NC500)

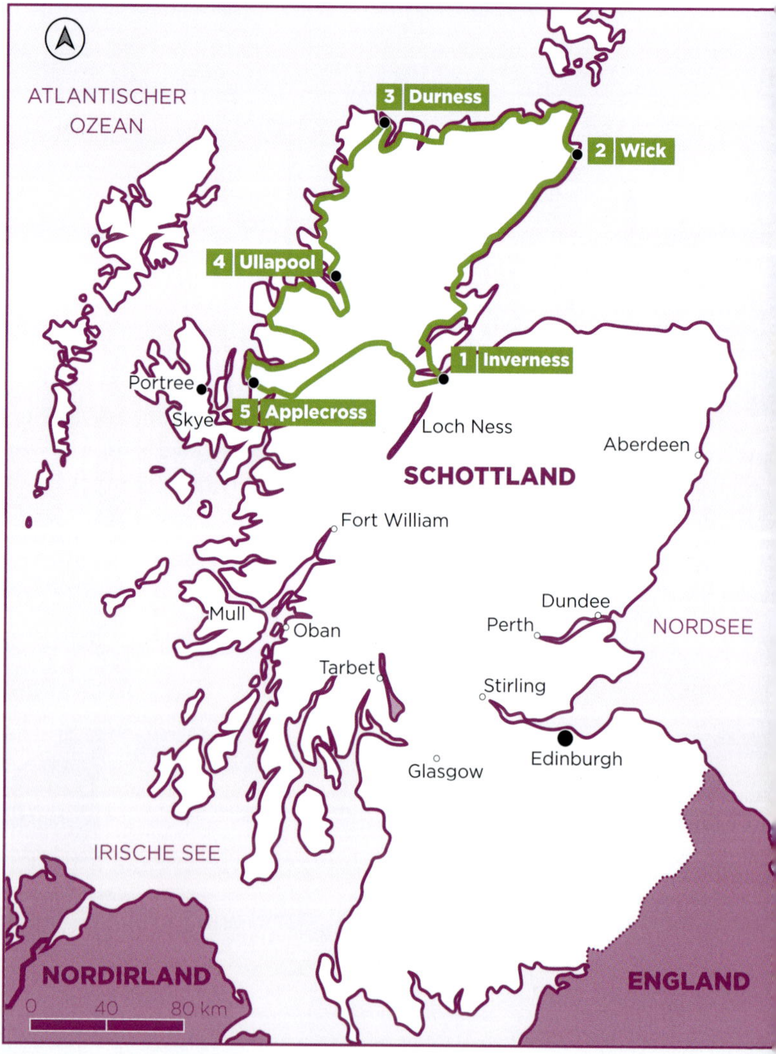

ROAD TRIP

NC500

Die NC500 ist eine 800 km (500 Meilen) lange Strecke, die über die Küstenstraßen der nördlichen Highlands führt. Ein Roadtrip mit atemberaubenden Landschaften: Burgen und archäologische Stätten an der Ostküste, Buchten, Klippen und Fischerdörfer an der Westküste.

Alle Infos und Tipps, um einen erfolgreichen Roadtrip über fünf Reisetage wirklich genießen zu können (mit Vorschlägen zu Unterkünften).

1 Von Inverness nach Wick

Imposantes Schloss und reizvolle Dörfer
140 km

2 Von Wick nach Durness

Klippen und ein Felsenkap
190 km

3 Von Durness nach Ullapool

Inseln, Vögel und herrliche Strände
200 km

4 Von Ullapool nach Applecross

Seen, Berge und eine zerklüftete Küste
190 km

5 Von Applecross nach Inverness

Künstlerdorf und Thermalbäder
125 km

INVERNESS — WICK — DURNESS — ULLAPOOL — APPLECROSS — INVERNES

TIPPS UND INFOS FÜR EINEN ERFOLGREICHEN ROADTRIP

BESTE REISEZEIT

Mai und Juni: die trockensten Monate
Juli bis September: Dies sind die sonnigsten Monate, aber auch die Zeit, in der man den meisten *midges* (stechenden Mücken) begegnet.
Gut zu wissen: Im Frühsommer ist es in der Region mehr als 18 Stunden lang hell.

TIPPS VOR DER ABREISE

www.northcoast500.com: Die offizielle Website der Route. Hier können Sie auch eine Karte herunterladen, die Tankstellen und Aussichtspunkte ausweist.
Laden Sie die App XCWeather auf Ihr Handy, um aktuelle Wetterinformationen zu erhalten.
Straßenkarte: Besorgen Sie sich eine Karte auf Papier, das Mobilfunknetz deckt nicht die gesamte Region ab.
Bereiten Sie sich vor: warme, wasserfeste Kleidung, Wanderschuhe, Handschuhe, Mützen, Lampen etc.

ROAD TRIP NC500

UNTERWEGS

Single track roads: Diese schmalen Straßen sind in den nördlichen Highlands weit verbreitet. Nutzen Sie die sogenannten *passing places* (Ausweichstellen), um entgegenkommende Fahrzeuge passieren zu lassen (oder Verkehrsteilnehmer hinter Ihnen, wenn Sie langsam fahren).
Parken: Stellen Sie Ihren Wagen nie länger an einem *passing place* ab und achten Sie darauf, den Verkehr nicht durch Ihr Anhalten zu behindern.
Tempolimit: Obwohl die Geschwindigkeit auf 60 Meilen/Std. (96 km/h) begrenzt ist, muss man oft viel langsamer fahren. Passen Sie Ihr Tempo an.
Tanken: Tanken Sie regelmäßig, um zu vermeiden, dass Ihnen mitten im Nirgendwo der Sprit ausgeht.
Vorsicht: Sie teilen die Straße oft mit Zweiradfahrern, Wanderern und Tieren.

ESSEN UND TRINKEN

Mittagspause: Halten Sie in größeren Orten nach einem Café oder einem Supermarkt Ausschau.
Öffnungszeiten: in der Regel vormittags bis 12 und 14–20 Uhr
Proviant für die Reise: Supermärkte in Tain, Dornoch, Wick, Thurso, Tongue, Durness, Lochinver, Ullapool und Gairloch

RESERVIERUNG

Buchen Sie Ihre Unterkunft unabhängig von der Jahreszeit im Voraus. Die NC500 ist sehr beliebt geworden und das Hotelangebot eher begrenzt. Wir schlagen Ihnen einige Adressen entlang der Strecke vor.

NOTFALL

Notaufnahme rund um die Uhr:
in Wick (Bankhead Road), Golspie (Station Road) und Thurso (Ormlie Road)
Gesundheitszentren tagsüber:
in Tongue, Durness und Ullapool

Sango und Smoo
A Cape Wrath
ATLANTISCHER OZEAN
3 Durness
H 3
Keoldale
A 838
Rhiconich
Loch Er
Tarbet
B Handa Island
The Minch
Scourie
A 894
Achfa
Lewis
Kylesku 1
Ov
2 D Lochinver
C Loch Assynt und Ardvreck Castle
Ledmore
Knockan Cr Geopark
4 Ullapoo
F 3 4
Loch Broom
A 832
Melvaig
Dundonnell
A Inverewe Garden
Poolewe
1 B Gairloch
C Loch Maree
Badachro
A 835
Talladale
A 832
Kinlochewe
A 832
Loch Snizort
Torridon
Achnasheen
B
Glen D Torridon
Skye
2 E Shieldaig
Scardroy
A 890
F Halbinsel Applecross
Loch Monar
5 Applecross
3 4
Lochcarron A

Dunnet Head
C Castle of Mey
Duncansby Head B
E Strathy Point
Dunnet Bay
Scrabster
Kyle of Tongue
Mey
John O'Groats A
1 Strathy
D Thurso
Castletown
A 836
Bettyhill
Roadside
Tongue
B 871
Castle Sinclair Girnigoe
A 882
Reiss
4
A 897
A 9
2 Wick
F 2 3
Grey Cairns of Camster
Ulbster
B
Altnaharra
Lybster
Latheron
A 9
A 897
Rhian
Helmsdale
A 9
Lairg
Brora
A 839
Golspie
NORDSEE
Dunrobin Castle E
Bonar Bridge
A 9
Dornoch D
Dornoch Firth
Portmahomack C
Tain
Glenmorangie Distillery
Hill of Fearn
A 9
Cromarty Firth
Cromarty B 1
Moray Firth
A Black Isle
A 96
Elgin
Rosemarkie
Brodie
Fortrose
Fort George
Nairn
A 9
A 96
A
Aberlour
A 839
Beauly
1 Inverness
0 10 20 km

VON INVERNESS NACH WICK

- **Die Route führt durch mehrere Küstenorte, gesäumt von Stränden.**
- **Ca. 240 km von Inverness über Cromarty, Portmahomack und Dornoch nach Wick**

A BLACK ISLE

Wanderung zu den Fairy Glen Falls, Start auf dem Parkplatz am Ortsausgang von Rosemarkie | 3 km, 1 Std. Wegzeit

Black Isle ist weder eine Insel noch schwarz. Es handelt sich vielmehr um eine sanfthügelige Halbinsel nördlich von Inverness. Sie ist über die Kessock Bridge, die über Beauly Firth und Moray Firth führt, leicht zu erreichen. Machen Sie einen Spaziergang durch das Fairy Glen, das »Tal der Feen« bei der Ortschaft Rosemarkie, und folgen Sie dem Fluss im Schatten der Birken bis zu den Wasserfällen Fairy Glen Falls.

B CROMARTY

In diesem Dorf gibt es einige gut erhaltene Fischerhäuser. Bestaunen Sie das alte Gerichtsgebäude aus dem 18. Jh., das Cromarty Court House (April–Sept So–Mi 12–16 Uhr, Eintritt frei).

1 SUTOR CREEK CAFE

Cromarty

- Kleines Familienrestaurant, das seine Zutaten aus der Region bezieht.
- Neben Meeresspezialitäten stehen gute Pizzas, die im Holzofen gebacken werden, auf der Karte.

21 Bank St. | Mi–So 12–20 Uhr

C PORTMAHOMACK

Der Ort ist vor allem für seinen schönen Sandstrand bekannt. Die alte Kirche beherbergt das Tarbat Discovery Centre (April–Okt.), ein Museum, das Artefakte des Volks der Pikten ausstellt.

D DORNOCH

Eines der charmantesten Dörfer an der Ostküste. Verpassen Sie nicht die Kathedrale aus dem 13. Jh. mit wunderschönen Buntglasfenstern, in der Pop-Ikone Madonna im Jahr 2000 heiratete.

 Die jeweiligen Öffnungszeiten finden Sie im Register ab S. 194.

ROAD TRIP NC500

E DUNROBIN CASTLE

Golspie | Nov.–März geschl. | Eintritt

Dieser weiße Bau aus dem 13. Jh. wird Sie an die Schlösser der Loire erinnern. Er wurde im 19. Jh. neu gestaltet und verfügt über 189 Zimmer. Im Sommer sind Falknereivorführungen zu sehen.

F WICK

Einst war diese kleine Stadt ein wichtiger Hafen. Um sich davon ein Bild zu machen, besuchen Sie das Wick Heritage Centre. Oder besichtigen Sie die örtliche Brennerei (Old Pulteney Distillery).

2 THE CLACHAN B&B

Wick

- Das kleine familienfreundliche Hotel ist zentral gelegen. Sehr gemütliche Atmosphäre.
- Buchen Sie frühzeitig, denn dieses Haus an der NC500 ist sehr beliebt.

13 Randolf Pl. | nur Barzahlung

3 No 1 BISTRO

Wick

- Das Restaurant gehört zum Mackays Hotel.
- Komplettes Menü mit klassischen schottischen Gerichten, aber auch Thai-Rezepte und Currys.

Union St. | tgl. 17–21, So bis 20.30, Sa, So 10–14 Uhr

4 IMPALA GUEST HOUSE

Wick

- Kleines, familiengeführtes B & B etwas außerhalb des Zentrums von Wick, das von den herzlichen Gastgebern Julie und Eddie betrieben wird.
- Reichhaltiges Frühstück.

11a Broadhaven Rd.

VON WICK NACH DURNESS

- **Dunnet Head, zwischen Castle of Mey und Thurso gelegen, ist der nördlichste Punkt Schottlands.**
- **Ein ereignisreicher Tag mit vielen Sehenswürdigkeiten**
- **Ca. 190 km von Wick nach Durness**

A JOHN O'GROATS

Der nördlichste bewohnte Punkt auf dem schottischen Festland. Es gibt Ausflüge zu den Orkney-Inseln oder Tierbeobachtungsfahrten im Sommer (John O'Groats Ferries, www.jogferry.co.uk).

B DUNCANSBY HEAD

3,5 km von John O'Groats

Ein oft windumtoster Spaziergang (1 Std. hin und zurück) führt zu den beiden spektakulären Felsvorsprüngen (Stacks) an der Steilküste – ein wunderbarer Ort, um Seevögel zu beobachten.

C CASTLE OF MEY

Okt.–April geschl. | Eintritt

Dieses Schloss aus dem 16. Jh. wurde 1952 von »Queen Mum« , der Mutter von Elizabeth II., die dort viel Zeit verbrachte, erworben. Wer mehr über ihren Alltag erfahren will, ist hier goldrichtig.

D THURSO

In der größten Stadt der Umgebung kann man Caithness Horizons besuchen, ein Museum, das die Geschichte der Region beleuchtet. In der Nähe befinden sich die besten Surfspots des Landes.

E STRATHY POINT

Ausfahrt Strathy, dann rechts nach Strathy Inn | Parkplätze

Diese Wanderung (1 Std. hin und zurück) führt zu einem felsigen Kap mit einem Leuchtturm. Die Kulisse der imposanten Klippen ist atemberaubend. Im Sommer sieht man manchmal Delfine.

1 THE STRATHY INN

Strathy

- Gemütliche und komfortable Zimmer.
- Angenehmes Restaurant mit Kaminfeuer und einer Küche mit orientalischem Touch (Currys).

Am westlichen Ausgang von Strathy | Restaurant nur abends

 Die jeweiligen Öffnungszeiten finden Sie im Register ab S. 194.

ROAD TRIP
NC500

F KYLE OF TONGUE

Diesen Meeresarm, der vom Ben Loyal (764 m) beherrscht wird, umgeben Klippen und Strände. Sie können ihn über die Brücke überqueren oder einen Abstecher in den Süden unternehmen (15 km).

G LOCH ERIBOLL

Die Straße umrundet diesen Meeresarm, der während des Zweiten Weltkriegs den Matrosen der Royal Navy als Ankerplatz diente. Auf der Halbinsel Ard Neakie erkennt man einen alten Kalkofen.

H DURNESS

Diese kleine, sehr abgelegene Gemeinde war John Lennons Urlaubsort in seiner Kindheit. Besuchen Sie das Balnakeil Craft Village, wo Künstler in Ateliers arbeiten, die öffentlich zugänglich sind.

I SANGO BAY UND SMOO CAVE

Zugang zur ersten Kammer frei

Sango Bay ist ein bekannter, von Klippen gesäumter Strand. Ein Muss ist die Smoo Cave! Diese bis zu 15 m hohe Kalksteinhöhle wurde sowohl vom Ozean als auch von einem Fluss ausgeformt.

2 SMOO CAVE HOTEL

Durness

• Kleines, ruhiges Hotel in der Nachbarschaft der Höhlen und nur wenige Schritte von einem kleinen Strand entfernt.
• Etwas altmodische Zimmer, aber angenehm.
Lerin

3 CAMPING SANGO SANDS OASIS

Durness

• Zweifellos der Campingplatz mit der schönsten Aussicht. Direkt am Meer!
• Wenn Sie keinen Strom benötigen, ist keine Reservierung nötig.
A 838, mitten in Durness | April–Okt.

4 COCOA MOUNTAIN

Durness

Eine der besten heißen Schokoladen in Schottland. Die Tassen sind bis zum Rand gefüllt. Vor Ort hergestellte Schokolade.
Craft Village, Balnakeil | April–Okt. tgl. 9–16 Uhr (Rest des Jahres variabel), Jan. geschl.

VON DURNESS NACH ULLAPOOL

- **Eine wilde und unberührte Küste, mit schönen Stränden**
- **Ca. 200 km von Durness nach Ullapool entlang des Loch Assynt und über den Knockan Crag Geopark**

A CAPE WRATH

Fähre von Keoldale | Ostern–Okt. | Eintritt

Dieses von hohen Klippen gesäumte Kap dient Seevögeln als Nistplatz und ist von rauer Schönheit. Der Leuchtturm ist noch in Betrieb (Anfahrt mit der Fähre von Keoldale, dann mit dem Bus).

B HANDA ISLAND

Fähre von Tarbet | So und Mitt… Sept.–März geschl. | Eintritt

Während die gut 3 km² große Insel bis Mitte des 19. Jhs. bewohnt war, ist si… heute den Seevögeln vorbehalten. Sie ist mit einer kleinen Fähre zu erreicher und kann in drei Stunden umrundet werden.

1 KYLESKU HOTEL

Kylesku

»Perfekt für eine Entspannungspause. Das Hotelcafé liegt am örtlichen Hafen und bietet eine herrliche Aussicht. Toller Meeresfrüchteteller.«

Mai–Sept. tgl. 8–23 Uhr, Winter kürzer, Dez., Jan. geschl.

C LOCH ASSYNT & ARDVRECK CASTLE

Burg frei zugänglich

Inmitten von Torfmooren erstreckt sich dieser von Bergen umgebene See. Hier können Sie die Ruinen des Ardvreck Castle entdecken, einer Burg aus dem 16. Jh., die einst den MacLeods gehörte.

D LOCHINVER UND SEINE STRÄNDE

Im Schatten des Gipfels des Suilven (731 m) ist Lochinver mit seinem bunten Fischmarkt und den weißen Cottages die einzige größere Ortschaft zwischen Durness und Ullapool. Von hier aus kann man in nördlicher Richtung die wunderschönen kleinen Buchten von Achmelvich und Clachtoll erreichen. In Richtung Süden sollten Sie sich den Strand von Achnahaird mit seinem cremeweißen Sand nicht entgehen lassen.

 Die jeweiligen Öffnungszeiten finden Sie im Register ab S. 194.

ROAD TRIP NC500

2 AN CALA CAFÉ
Lochinver

• Café in einer Jugendherberge, einfache Küche und großzügige Portionen.
• Die Speisekarte ist ausgewogen, gute Auswahl an Tagesgerichten.
Culag Square, Lari | tgl. 9–17 bzw. 19 Uhr (Hauptsaison)

E KNOCKAN CRAG GEOPARK
Frei zugänglich

Dieses frei zugängliche Besucherareal informiert über die lokale Geologie. Folgen Sie dem Lehrpfad (1 Std. Fußweg), um Steinskulpturen zu entdecken und einen tollen Blick auf den Assynt-See zu haben.

3 THE CEILIDH PLACE
Ullapool

»Zum Essen, Schlafen oder Tanzen ist dieser Ort perfekt. Die Zimmer sind elegant. Wir lieben vor allem den kleinen Buchladen, der genauso lange geöffnet ist wie die Bar.«
14 West Argyle Pl

F ULLAPOOL

Am Ufer des Loch Broom gelegen, war dieses lebendige Städtchen aus einem im späten 18. Jh. als Hafen für den Heringsfang gegründeten Fischerdorf hervorgegangen. Der Hafen ist immer noch in Betrieb, hier legen auch die Fähren zu den Äußeren Hebriden an. Die alte Dorfkirche beherbergt das Ullapool Museum (7 Argyle Street). Es informiert über die lokale Geschichte, ist inzwischen allerdings ein wenig verstaubt.

4 THE ROYAL HOTEL
Ullapool

• Ein älteres, renoviertes Hotel mit 55 Zimmern, von denen einige einen schönen Blick auf den Loch Broom bieten.
• An das Haus ist ein Restaurant angeschlossen.
Garve Rd.

VON ULLAPOOL NACH APPLECROSS

- **Eine Küstenstraße, ein wunderschöner See und Gebirge**
- **Ca. 190 km von Ullapool nach Applecross über das Südufer des Loch Maree und die Küstenstraße der Halbinsel Applecross**

A INVEREWE GARDEN

Poolewe | Eintritt

Dieser herrliche botanische Garten von 1830 profitiert von einem milden Klima (dem Golfstrom sei Dank). Beim Bummel von einem Garten zum anderen genießt man schöne Ausblicke auf Loch Ewe.

B GAIRLOCH

Gairloch Museum Jan. geschl. Eintritt

In diesem kleinen Dorf an einer geschützten Bucht gibt es einige hübsche Strände sowie zahlreiche Cafés und Unterkünfte. Das örtliche Gairloch Museum widmet sich dem Erbe der Region.

1 THE OLD INN

Gairloch

»Ein kleines Gasthaus mit guter, einfacher Küche. Probieren Sie das selbst gebraute Bier und verpassen Sie nicht die kleine Kunstgalerie gegenüber.«

Flowerdale Glen | Nov.–Jan. geschl.

C LOCH MAREE

Mit seinen bewaldeten Ufern zählt der ca. 20 km lange Loch Maree zu den schönsten Seen Schottlands. Aus dem Wasser ragen 25 kleinere und fünf größere, baumbewachsene Inseln. Auf Maree Island befinden sich die Überreste einer Kapelle. Halten Sie am ersten Parkplatz auf der linken Seite (Coile na Glas-Leitir Car Park), von dem aus zwei Wanderwege abzweigen (Woodland Trail, 1 Std. Fußweg, oder Mountain Trail, 4 Std. Fußweg).

D GLEN TORRIDON

Ab Kinlochewe führt die A896 durch das eindrucksvolle Tal Glen Torridon, wo sich die Landschaft drastisch verändert. Man ist nun von über 1000 m hohen Bergmassiven umgeben.

ROAD TRIP NC500

E SHIELDAIG

Mit seinen weiß getünchten Häuschen ist es eines der schönsten Dörfer der Highlands. in den 1970er-Jahren wurde hier ein Programm gestartet, um in der Umgebung wieder Seeadler anzusiedeln.

2 NANNY'S

Shieldaig

»Dieses familiengeführte Café ist bei Einheimischen sehr beliebt und bietet eine wunderbare Räucherlachssuppe an. Alles ist frisch und schmackhaft.«

Mo–Sa 10–17 Uhr, Dez.–März geschl.

F HALBINSEL APPLECROSS

Im Westen der Halbinsel führt die Küstenstraße zum Ort Applecross an herrlichen Stränden vorbei und bietet einen Blick auf die Isle of Skye. Weiter im Süden der Halbinsel windet sich die Straße den 626 m hohen Bergpass Bealach na Bà Richtung Lochcarron hinauf. Bei schlechtem Wetter ist die Strecke bisweilen gesperrt bzw. für Wohnmobile nicht passierbar. Alternativ kann man dann die A 896 durch das Landesinnere nehmen.

3 CLACHAN B&B

Applecross

- Das kleine Gästehaus verfügt über zwei gemütliche Zimmer.
- Die Tapeten wurden von Tery, der Eigentümerin, die auch Innenarchitektin ist, selbst entworfen.

Clachan Manse

4 APPLECROSS INN

Applecross

- Für Gäste stehen sieben hübsche Zimmer bereit.
- Angeschlossen ist ein sehr gutes Restaurant.
- Terrasse mit herrlichem Blick auf die Isle of Skye.

Shore St. | Restaurant 12–21 Uhr

VON APPLECROSS NACH INVERNESS

- **Eine Route durch das ländliche Binnenland, gespickt mit Kulturerbestätten und interessanten Ortschaften**
- **Ca. 125 km von Applecross nach Inverness und entlang des Loch Garve**

A LOCHCARRON

Am Ufer des gleichnamigen Sees gelegen, beherbergt diese Ansammlung kleiner Siedlungen einige Cafés und Läden, zwei Tankstellen und einen Supermarkt. In westlicher Richtung lässt sich bei den Ruinen der Burg Strome ein schöner Spaziergang unternehmen. Lochcarron ist auch ein zentraler Ort für Bergwanderungen und Touren in den West Coast Highlands, einschließlich der Regionen Torridon, Plockton und Skye.

B LOCH GARVE

Wasserfall frei zugänglich

In diesem See soll ein Kelpie, ein Wasserpferd, hausen. Direkt hinter Loch Garve geht es vom Parkplatz zu den Rogie Falls, einem Wasserfall, an dem man manchmal Lachse springen sieht.

C STRATHPEFFER

Dieser Kurort aus dem 19. Jh. birgt schöne Bauernhäuser, einen Stein der Pikten mit eingravierten Symbolen und einen alten viktorianischen Bahnhof, der in ein Museum umgewandelt wurde.

 Die jeweiligen Öffnungszeiten finden Sie im Register ab S. 194.

ROAD TRIP NC500

2 RED POPPY RESTAURANT

Strathpeffer

- Ein Restaurant, in dem Sie einige gekonnt zubereitete lokale Produkte probieren können.
- Vor allem die Fleischgerichte seien empfohlen.

Main St. | Di–Sa 11.30–20.30, So 12–15 Uhr

3 CRYSTAL HOUSE

Strathpeffer

- In diesem Gästehaus können Sie den viktorianischen Stil des Ortes in vollen Zügen genießen.
- Es gibt auch Zimmer ohne Frühstück.

Church Brae | Halbpension möglich

D DINGWALL

Hier findet ein großer Rindermarkt statt. Das Heimatmuseum befindet sich im ehemaligen *tolbooth* (Gerichtsgebäude) von 1730. Verpassen Sie nicht das hochgelobte Haggis der Metzgerei Cockburn's.

E BEAULY

Kloster frei zugänglich

In diesem Ort befinden sich die Ruinen eines eindrucksvollen Priorats, das 1230 gegründet und nach der Reformation 1560 aufgegeben wurde. Es steht mitten im Dorf und ist nicht zu übersehen.

4 THE PRIORY HOTEL

Beauly

- Hotel mit 38 Zimmern, im Zentrum des Ortes.
- Die Zimmer sind eher schlicht eingerichtet, aber sehr komfortabel.
- Das Restaurant serviert schottische Gerichte.

The Square

REGISTER

A

Abbotsford House **176**
Tweedbank | ✆ 018 96 75 20 43 | www.scottsabbotsford.com | Manor tgl. 10–17, März, Nov. bis 16 Uhr, Dez.–Feb. geschl. | Eintritt

Aberlady **170**

Alkohol **15, 20**

Angeln **29**

Anstruther **156**

Scottish Fisheries Museum ✆ 013 33 31 06 28 | April–Sept. Mo–Sa 10–17.30, Okt.–März bis 16.30, So 11–17, Okt.–März 12–16.30 Uhr | Eintritt **156**

Isle of May Boat Trips ✆ 07 47 36 31 671 | www.isleofmayboattrips.co.uk | April–Sept. **156**

Aonach Mòr **109**

Gondelbahn ✆ 013 97 70 58 25 | www.nevisrange.co.uk | Sommer Mo–Fr 10–17, Sa, So 10–18, Winter Mo–Fr 9.30–16.30, Sa, So 9–17 Uhr (bei gutem Wetter) | Eintritt | Dauer 15 Min. | Mai–Okt. Parkgebühr

Applecross, Halbinsel **191**

Arduaine Garden **90**
✆ 018 52 20 03 66 | www.nts.org.uk | tgl. 10–16, 25. Dez.–2. Jan. geschl. | Eintritt

Ardvreck Castle **188**

Arisaig **113**

Armadale **112**

Autofahren **14**

B

Bahn **10, 1**

Balloch **8**

The Maid of the Loch 1 Pier Road | ✆ 013 89 75 29 77 | tgl. 10–17 Uhr | Eintritt frei

Balmoral Castle **13**
✆ 013 39 74 25 34 | www.balmoralcastl com | April–Juli tgl. 10–17 Uhr | Eintritt, Audioguide inkl. | Parken kostenlos

Bass Rock **17**

Beauly **19**

Ben Nevis **10**
Le Ben Nevis Mountain Track (16 km hin und zurück, 8 Std., nur Juni–Sept. empfohlen), Start am Parkplatz des Glen Nevis Visitor Centre | für geführte Wanderungen Infos im Visitor Centre

Black Isle **18**

Blackness Castle **16**
Blackness | ✆ 015 06 83 48 07 | April–Sept. tgl. 9.30–17.30, Okt.–März 10–16 Uhr | Eintritt

Blair Castle **13**
✆ 017 96 48 12 07 | www.blair-castle.co.uk | April–Okt. tgl. 9.30–17.30 Uhr | Eintritt

Borders **17**

Brexit **4, 22, 2**

Broughty Ferry **16**

Bus **1**

Bute, Isle of 78
Mount Stuart 6 km südl. von Rothesay über die A 844 | ✆ 017 00 50 38 77 | www.mountstuart.com | Anwesen 11.30–16.30, Visitor Centre Mai–Sept. tgl. 10–18 Uhr, Nov.–April geschl. (außerhalb der Öffnungszeiten des Visitor Centre kann das Anwesen Mo–Fr nach Reserv. unter contactus@mountstuart.com besichtigt werden | Eintritt (Ticket im Visitor Centre) 79
Rothesay Castle Castlehill St. | ✆ 017 00 50 26 91 | April–Sept. tgl. 9.30–17.30, Okt.–März Sa–Mi 10–16 Uhr | Eintritt 79
Scalpsie Bay Beach 79
St Blane's Church 9 km südöstl. von Scalpsie Bay | Eintritt frei 79

C

Cape Wrath 188
Visit Cape Wrath | ✆ 019 71 51 12 84 | www.visitcapewrath.com | April–Okt. tgl. nach Reserv. | Eintritt | nehmen Sie zuerst die Fähre in Keoldale (10 Min.)
Castle of Mey 186
Thurso, Caithness | ✆ 018 47 85 14 73 | www.castleofmey.org.uk | Mai–Sept. tgl. 10–17 Uhr | Eintritt
Castle Stalker 102
2 km nordwestl. von Appin | ✆ 016 31 73 03 54 | www.castlestalker.com | April–Okt. gezeitenabhängig geöffnet (siehe Website) | Eintritt | Parken beim Old Inn
Cawdor Castle 133
✆ 016 67 40 44 01 | www.cawdorcastle.com | Mitte April–Okt. tgl. 10–17.30 Uhr, sonst auf Anfrage | Eintritt
Clans 35
Crail 156
Crail Museum & Heritage Centre 62–64 Marketgate South | ✆ 013 33 45 08 69 | www.crailmuseum.org.uk | April–Okt. tgl. 11–16, So ab 13.30 Uhr, Mai nur Sa, So | Eintritt frei
Cromarty 184
Culloden Battlefield 132
✆ 014 63 79 60 90 | Nov.–Feb. tgl. 10–16, März–Mai, Sept. 9–18, Juni–Aug. 9–19, Okt. 9–17 Uhr, 24.–26. Dez., 1. und 2. Jan. geschl. | Eintritt, Audioguide
Culross 161
Culross Palace ✆ 013 83 88 03 59 | April–Sept. tgl. 10–17, Okt. bis 16 Uhr | Eintritt

D

Dean Village 148
Dingwall 193
Distel 34
Dornoch 184
Doune Castle 161
Castle Hill, Doune | ✆ 017 86 84 17 42 | April–Sept. tgl. 9.30–17.30 (Di, Do im Juli bis 20, Okt.–März 10–16 Uhr | Eintritt

Dudelsack 35

Duncansby Head 186

Dundee 162

Broughty Ferry 165

Discovery Point Riverside Drive | ✆ 013 82 30 90 60 | April–Okt. tgl. 10–18, So ab 11, Nov.–März tgl. 10–17, So ab 11 Uhr | Eintritt 164

Dundee Contemporary Arts 152 Nethergate | ✆ 013 82 909 900 | www.dca.org.uk | tgl. 10–18, Do bis 20 Uhr | Eintritt frei 164

The McManus Dundee's Art Gallery & Museum Albert Square | ✆ 013 82 30 72 00 | www.mcmanus.co.uk | Mo–Sa 10–17, So 12.30–14.30 Uhr | Eintritt frei 165

V&A Museum of Design 1 Riverside Esplanade | ✆ 013 82 41 16 11 | www.vam.ac.uk/dundee | tgl. 10–17 Uhr | Dauerausstellung Eintritt frei, Wechselausstellungen Eintritt 164

Verdant Works West Hederson's Wynd | ✆ 013 82 30 90 60 | www.verdantworks.com | April–Okt. Mo–Sa 10–18, So 11–18, Nov.–März 10–17, So 11–17 Uhr, Dez., Jan. Mo, Di geschl. | Eintritt (Kombiticket mit Discovery Point) 165

Dundee Law 165

Dunkeld 144

Dunkeld Cathedral 10 Cathedral St. | ✆ 013 50 72 72 49 | April–Sept. tgl. 10–15.30, Okt.–März 10–16 Uhr | Eintritt frei

Dunnottar Castle 14

3 km südl. von Stonehaven über die A92 | ✆ 015 69 76 63 20 | www.dunnottarcastle.co.uk | April–Sept. tgl. 9–17.30, Okt.–März ab 10 Uhr (Schließung siehe Website) | 25./26. Dez., 1. und 2 Jan. geschl. | Eintritt

Dunrobin Castle 18

Golspie | ✆ 0140 863 3177 | www.dunrobincastle.co.uk | April, Mai, Okt. tgl. 10.30–16.30, Juni–Sept. 10–17 Uhr | Eintritt

Dunstaffnage Castle 10

Castle Grounds, Dunbeg | April–Sept. tgl. 9.30–17.30, Okt.–März Sa–Mi 10–16 Uhr | Eintritt

Durness 18

E

Edinburgh

Arthur's Seat 5

Calton Hill 5

Dean Village 14

Edinburgh Castle Castlehill | ✆ 013 12 25 98 46 | www.edinburghcastle.scot | April–Sept. tgl. 9.30–18, Okt.–März 9.30–17 Uhr (letzter Einlass 1 Std. vor Schließung), 25./26. Dez. geschl. | Eintritt (Führung inbegriffen), Audioguide 4

Grassmarket 4

Greyfriars Kirkyard Candlemarket Row | Eintritt frei 5

Holyrood Park Queen's drive | Holyrood Park Rangers Service | ✆ 013 16 52 81 50 | www.historicenvironment.scot | Eintritt frei | tgl. 0–24 Uhr 51

National Museum of Scotland Chambers St. | ✆ 030 01 23 67 89 | www.nms.ac.uk | tgl. 10–17 Uhr | Eintritt frei, Führungen gratis, Start tgl. in der Eingangshalle (*Meeting Point*) um 11, 13 und 15 Uhr 49

Palace of Holyroodhouse Horse Wynd Canongate, The Royal Mile | ✆ 030 31 23 73 06 | www.rct.uk/visit/palace-of-holyroodhouse | April–Okt. tgl. 9.30–18 Nov.–März 9.30–16.30 Uhr (letzter Einlass 1.30 Std. vor Schließung), 25./26. Dez. und während Besuchen des Königshauses geschl. | Eintritt 51

Princes Gardens 50

Princes Street 50

Royal Botanic Garden Arboretum Place | ✆ 013 12 48 29 09 | www.rbge.org.uk | 10–16, März, Okt. bis 18, April–Sept. bis 19 Uhr | Gewächshäuser Eintritt 151

Royal Mile 48

Scotch Whisky Experience 354 Castlehill | ✆ 013 12 20 04 41 | www.scotchwhiskyexperience.co.uk | Aug.–März tgl. 10–17/18, April–Juli 10–20 Uhr | Führung alle 20 Min. | Silver Tour (50 Min.), Gold Tour (90 Min.), Platinum Tour (90 Min., am Abend), Taste of Scotland (90 Min. am Abend), Morning Masterclass Mo–Fr 10 Uhr, nach Reserv., 90 Min.) 48

Scott Monument East Princes St. Gardens | ✆ 013 15 29 40 68 | www.edinburghmuseums.org.uk | tgl. 10–16, Sommer bis 16.30 Uhr, grundsätzlich mit Führung (30 Min.) | Eintritt 51

Scottish National Gallery The Mound | ✆ 013 16 24 62 00 | www.nationalgalleries.org | tgl. 10–17, Do bis 19 Uhr | Eintritt frei 50

Scottish National Portrait Gallery 1 Queen St. | ✆ 013 16 24 62 00 | www.nationalgalleries.org | tgl. 10–17 Uhr | Eintritt frei (außer Wechselausstellungen) 51

St Giles' Cathedral Parliament Square | ✆ 013 12 26 06 74 | www.stgilescathedral.org.uk | Mo–Sa 9–17, Sommer 10–18, So 13–17, Sommer bis 18 Uhr | Eintritt frei (Spende erwünscht), Fotoerlaubnis und Zugang zum Dach (Führung 20 Min.) kostenpfl. 48

Stockbridge 150

The Real Mary King's Close 2 Warriston's Close, High St. | ✆ 013 12 25 06 72 | Öffnungszeiten und Reserv. (empfohlen): www.realmarykingsclose.com | Führungen (1 Std.) auf Englisch, Audioguide 50

Eilean Donan Castle 122
✆ 015 99 55 52 02 | www.eileandonancastle.com | Feb., März, Nov., Dez. tgl. 10–16, April–Okt. 10–18 Uhr (letzter Einlass 1 Std. vor Schließung),

25./26. Dez. und Jan. geschl. | Eintritt

Elie 156

Ermäßigungen 18

F

Fairy Glen 184

Falkirk Wheel 59

Lime Road, Tamfourhill | ✆ 0870050 0208 | tgl. 10–17.30 Uhr | Eintritt frei, Bootstour (1 Std.) kostenpfl.

Falkland 161

Falkland Palace New Road | März–Okt. tgl. 11–17, So ab 12, Juli, Aug. ab 10 Uhr | Eintritt

Fähren 17

Feiertage 21

Feste 21

Fife, Halbinsel 154

Flughafen 10

Fort George 133

✆ 01667460232 | April–Sept. tgl. 9.30–17.30, Okt.–März 10–16 Uhr (letzter Einlass 45 Min. vor Schließung) | 25./26. Dez., 1. und 2. Jan. geschl. | Eintritt

Fort William 108

West Highland Museum Cameron Square | ✆ 01397702169 | westhighlandmuseum.org.uk | Mo–Sa 10–16, Mai–Sept. bis 17 Uhr, Juli, Aug. auch So 11–15 Uhr | Eintritt frei 108

G

Gälische Sprache 3

Gairloch 19

Gairloch Museum Achtercairn | ✆ 01445712287 | www.gairlochmuseum.org | April–Okt. Mo–Sa 10–16 Nov., März Di–Sa 10–16, Dez., Feb. Fr, Sa 11–16 Uhr, Jan. geschl. | Eintritt

Geld 1

Gesundheit 2

Glamis Castle 14

✆ 01307840393 | www.glamis-castle co.uk | April–Okt. tgl. 10–17, Mitte Jan. März Sa, So 10–17, Nov.–Dez. kürzer | Eintritt

Glasgow 6

Ashton Lane 7

Bellahouston Park 7

Botanic Gardens 730 Great Wester Road | www.glasgowbotanicgardens.com | tgl. 7 Uhr bis Einbruch der Dunkelheit | Eintritt frei 7

Buchanan Street 6

Gallery of Modern Art Royal Exchange Square | ✆ 01412873050 | Mo–Mi, Sa 10–17, Do 10–20, Fr, So 11–17 Uhr | Eintritt frei 6

Glasgow Necropolis Castle St. | www.glasgownecropolis.org | tgl. 7–16.30 Uhr | Eintritt frei 6

Kelvingrove Art Gallery & Museum Argyle St. | ✆ 01412769599 | Mo–Do, Sa 10–17, Fr, So

11–17 Uhr | Eintritt frei 72
Kelvingrove Park 6 Professors' Square | tgl. 0–24 Uhr | Eintritt frei 72
Kibble Palace 730 Great Western Road | www.glasgowbotanicgardens.com | Sommer tgl. 10–18, Winter 10–16.15 Uhr | Eintritt frei 72
Merchant City 64
People's Palace Glasgow Green, Templeton St. | Mo–Do, Sa 10–17, Fr, So 11–17 Uhr | Eintritt frei 64
Pollok Country Park 73
Riverside Museum Pointhouse Place | ✆ 01412872720 | Mo–Do, Sa 10–17, Fr, So 11–17 Uhr | Eintritt frei 73
St Mungo's Cathedral Castle St. | ✆ 01415528198 | www.glasgowcathedral.org.uk | Mo–Sa 10–16, Sommer 9.30–17.30, So 13–17 Uhr | Eintritt frei, Audioguide kostenpfl. 65
St Mungo Museum of Religious Life and Art 2 Castle St. | ✆ 01412761625 | Di–Do, Sa 10–17, Fr, So 11–17 Uhr | Eintritt frei 65
Sauchiehall Street 65
The Lighthouse 11 Mitchell Lane | ✆ 01412765365 | www.thelighthouse.co.uk | Mo–Sa 10.30–17, So 12–17 Uhr, 24. Dez. und 3. Jan. geschl. | Eintritt frei 64
University of Glasgow University Avenue | Campus 0–24 Uhr (Führung über den Campus möglich, siehe www.gla.ac.uk) 73
West End 70

Glen Coe, Tal von 109
Glencoe 109
Glencoe Folk Museum ✆ 01855811664 | Main St. | www.glencoemuseum.com | April–Okt. Mo–Sa 10–16.30 Uhr | Eintritt 109
Glenfiddich Distillery 134
Dufftown | ✆ 01340820373 | www.glenfiddich.com | Shop Mo–Fr 9.30–16.30 Uhr | Führung Explorer Tour (1.30 Std.) tgl. 10–16 Uhr | Eintritt
Glenfinnan 113
Glenfinnan Monument
März, Okt. tgl. 9.30–17, April–21. Sept. 9–19, Ende Sept. 9–17.30, Nov.–Feb. 9.30–16 Uhr | Eintritt, Ticket im Visitor Centre | Parkgebühr
Glenfinnan Viaduc
Glenlivet Distillery 134
Ballindalloch | ✆ 01340821720 | www.theglenlivet.com | Mitte Feb.–Nov. tgl. 9.30–18 Uhr | Führungen (1.15 Std.) 10–16 Uhr | Eintritt, Audioguide gratis
Glen Nevis 108

H

Haddington 172
John Gray Centre 15 Lodge St. | ✆ 01620820680 | www.johngraycentre.org | Mo–Fr 10–17, Sa 10–16, So 13–16, Okt.–März Mi, Do geschl.
St Mary's Parish Church Sidegate | So–Fr 13.30–16, April–Sept. Fr ab

11 Uhr | Eintritt frei

Haggis 30

Handa Island 188
Fähre ab Tarbet | ✆ 077 80 96 78 00 | www.handa-ferry.com | April–Anfang Sept. Mo–Sa 9–14 Uhr | zuvor anrufen | Eintritt (nur Barzahlung)

Highland Games 34

Histoire 32

Hopetoun House 160
Society Road, South Queensferry | ✆ 01313 311 451 | www.hopetoun.co.uk | April–Sept. tgl. 10.30–17 Uhr | Eintritt

Horaires 20

I

Isle of Bute siehe Bute

Isle of May siehe May

Isle of Mull siehe Mull

Isle of Skye siehe Skye

Internet 22

Inveraray 90
Inveraray Castle ✆ 014 99 30 22 03 | www.inveraray-castle.com | April–Okt. tgl. 10–17.45 Uhr | Eintritt

Inverewe Garden 190
Poolewe | ✆ 014 45 78 12 29 | tgl. von Sonnenauf- bis Sonnenuntergang | Eintritt | Parkgebühr

Inverness 128
Inverness Castle View Point Castle Road | April–Okt. tgl. 11–18, Juni–Aug. bis 20, Nov.–März Fr–Mo 11.30–16 Uhr | Eintritt 12
Ness Islands 12
St Andrews Cathedral Ardross St. | ✆ 014 63 22 55 53 | tgl. 7.30–frühe Abend | Eintritt frei 12

Iona 10
Iona Abbey April–Sept. tgl. 9.30–17.30, Okt.–März 10–16 Uhr | Eintritt

J

John O'Groats 18

K

Kelpies 38, 5
Führungen auf Englisch (20 Min.) | Eintritt

Kelso 17

Kerrera 10
Überfahrt (5 Min.) ab Gallanach | April–Okt. 10.35–17.55 Uhr | kostenpfl.

Kilmartin Glen 9
✆ 015 46 51 02 78 | www.kilmartin.org | März–Okt. tgl. 10–17, Nov.–Dez. 11–16 Uhr | Eintritt

Kilt 3

Kirriemuir 14
Maison de J. M. Barrie 9 Brechin Road | ✆ 015 75 57 26 46 | April–Juni, Sept. Sa–Mo 11–16, Juli, Aug. Do–Mo 11–16 Uhr | Eintritt

lima 12
nockan Crag Geopark 189
yle of Tongue 187

egenden 38
eith 151
Ocean Terminal ✆ 01 31 55 58 88 | www.oceanterminal.com | Mo–Fr 10–20, Sa 10–19, So 10–18 Uhr 152
Royal Yacht Britannia Kartenverkauf im 2. Stock des Ocean Terminal | ✆ 01 31 55 55 55 66 | www.royalyachtbritannia.co.uk | Nov.–März, tgl. 10–15.30, April–Okt. 9.30–16.30 Uhr | Eintritt 152
The Shore 151
inlithgow 58
Linlithgow Palace Kirkgate | ✆ 01 50 68 42 89 6 | April–Sept. tgl. 9.30–17.30, Okt.–März 10–16 Uhr | Eintritt 58
och Assynt 188
och Garve 192
och Eriboll 187
och Katrine 87
och Lomond 82
Inveruglas Pyramid 86
Loch Lomond & The Trossachs National Park Park Authority: Carrochan Road, Balloch | ✆ 01 38 97 22 600 | www.lochlomond-trossachs.org 86
Waterbus Sweeney's Cruises | ✆ 01 38 97 52 37 6 | www.sweeneyscruiseco.com | Mai–Sept. | kostenpfl. | zahlreiche Verbindungen 86
Loch Maree 190
Loch Ness 128
Loch Ness Centre Drumnadrochit | ✆ 01 45 64 50 57 3 | www.lochness.com | tgl. 9.30–17, Winter 10–15.30 Uhr (letzter Einlass 45 Min. vor Schließung), 25. Dez. geschl. | Eintritt 128
Loch Voil 87
Trossachs Pier | Loch Katrine Cruises ✆ 01 87 73 76 31 5 | tgl. 9–17 Uhr | zur Buchung anrufen
Lochcarron 192
Lochinver 188
Lost Valley 109
Lothians 170
Luss 80

M

Mallaig 113
Mallaig Heritage Centre Station Road | ✆ 01 68 74 62 08 5 | www.mallaigheritage.org.uk | tgl. 11–16, Aug., Sept. bis 18 Uhr, Dez.–März geschl. | Eintritt 113
Malt Whisky Trail 31, 134
May, Isle of 156
Melrose Abbey 176

Abbey St. | ✆ 018 96 82 25 62 | April–Sept. tgl. 9.30–17.30, Okt.–März 10–16 Uhr | Eintritt

Midhope Castle **160**
Abercorn, South Queensferry | ✆ 013 13 31 99 40 | www.hopetoun.co.uk | Zugang unterliegt Beschränkungen, im Voraus informieren

Mietwagen **14**

Mull, Isle of **100**
Duart Castle 5 km südöstl. von Craignure | ✆ 016 80 81 23 09 | www.duartcastle.com | April tgl. 11–16, Mai–Okt. 10.30–17 Uhr | Eintritt (Kombiticket mit dem Duart Minibus, der zwischen Fähre und Schloss pendelt)
Ross of Mull
Tobermory Mull Museum | ✆ 016 88 30 11 00 | Ostern–Okt. Mo–Sa 10–16 Uhr | Eintritt frei

Musik **35**

Mythen **38**

N

National Museum of Flight **172**
East Fortune Airfield | ✆ 030 01 23 67 89 | April–Okt. tgl. 10–17, Nov.–März Sa, So 10–16 Uhr | Eintritt

NC500 (North Coast 500) **178**

North Berwick **170**
Scottish Seabird Centre ✆ 016 20 89 02 02 | https://seabird.org | April–Aug. tgl. 10–18, Feb.–März, Sept.–Okt. 10–17, Nov., Dez. 10–1, Jan. 11–16 Uhr | Eintritt **17**

Notfall **2**

O

Oban **9**
Dunollie Castle ✆ 016 31 57 05 50 | www.dunollie.org | April–Okt. Mo–Sa 10–17, So 12–17 Uhr | Eintritt **9**
Oban Cycles 87 George St. | ✆ 016 3 56 60 33 | www.obancyclescotland.com | Di–Sa 10–17 Uhr **9**
Oban Distillery Stafford St. | ✆ 016 31 57 20 04 | www.malts.com | Mai, Juni, Okt., Nov. tgl. 9.30–17, Juli–Sept. 9.30–19.30, Dez.–Feb. 12–16.30 Uhr | Eintritt frei, Führung (1 Std., nur Englisch) **9**
McCaig's Tower **9**

Outlander **15**

P

Pentland Hills **5**

Perth **14**
Art Trail Ticket in der Tourist-Info oder auf www.pkc.gov.uk

Pitlochry **13**
Edradour Distillery 7 km nordöstl. von Pitlochry | www.edradour.com | Shop Nov.–März eingeschränkte Öffnungszeiten | Führungen (1 Std.)

Mitte April–Okt. Mo–Fr 10 17, Nov.–März Mo–Fr 10–16.30 Uhr, 21. Dez.–7. Jan. geschl. | Eintritt 138
Fish Ladder Armoury Road | ✆ 01796 484111 | Feb.–Okt. tgl. 9.30–17, Nov.–Jan. 10–16 Uhr | Eintritt frei 138
Plockton 123
Portmahomack 184
Tarbat Discovery Centre April Mo–Sa 14–17, Mai Mo–Sa 10–17, Juni–Mitte Okt. Mo–Sa 10–17, So 14–17, Mitte–Ende Okt. tgl. 14–17 Uhr | Eintritt

Q

Queen Elizabeth Forest Park 87
Lodge Forest Visitor Centre, Duke's Pass, Aberfoyle | ✆ 03000 676615 | Mai–Juni, Sept. tgl. 10–17, Juli, Aug. 10–18, Okt.–Dez. 10–16, Jan.–Feb. 10–15 Uhr | Eintritt frei, Parkgebühr
Queen's View 138
Quiraing 118

R

Radfahren 29
Reisezeit 12
Rosslyn Chapel 172
Chapel Loan, Roslin | ✆ 0131 440 2159 | Mo–Sa 9.30–17, Juli, Aug. bis 18, So 12–16.45 Uhr | Eintritt | Fotoverbot in der Kapelle | Mehrere Führungen auf Englisch pro Tag
Royal Deeside 134

S

Sango Bay 187
Schlösser 36
Scone Palace 144
✆ 01738 552300, www.scone-palace.co.uk | Mai–Sept. tgl. 9.30–17, Okt.–April 10–16 Uhr | Eintritt
Scotch Whisky 31
Shieldaig 191
Sicherheit 23
Skifahren 29
Skye 114
Armadale Castle www.armadalecastle.com | April–Okt. tgl. 9.30–17.30, März, Nov. Mo–Fr 10–15 Uhr | Eintritt 119
Cuillin Hills 119
Dunvegan Castle Dunvegan | ✆ 01470 521206 | www.dunvegancastle.com | Mitte April–Mitte Okt. tgl. 10–17.30 Uhr | Eintritt 118
Fairy Glen 118
Kilt Rock 118
Neist Point 119
Old Man of Storr 118
Portree 118
Quiraing 118
Skye Museum of Island Life Kilmuir | ✆ 01470 552206 | www.skye

museum.co.uk | Ostern–Sept. Mo–Sa 9.30–17 Uhr | Eintritt **118**
Sleat, Halbinsel **119**
Talisker Distillery Carbost | ✆ 01478614308 | www.malts.com | Juli, Aug. Mo–Fr 9.30–17.30, Sa 9.30–17, So 11–17, Juni, Sept. Mo–Sa 9.30–17, So 11–17, April, Mai, Okt. Mo–Sa 9.30–17, Jan.–März, Nov., Dez. Mo–Fr 10–16.30 Uhr | Eintritt **119**
Trotternish **118**
Smoo Cave **187**
South Queensferry **144**
Spartipps **16**
Speyside **134**
Speyside Cooperage Dufftown Road, Craigellachie | ✆ 01340871108 | www.speysidecooperage.co.uk | Mo–Fr 9–17 Uhr, 2 Wochen zwischen Weihnachten und Neujahr geschl. | Führungen (45 Min.) alle 30 Min. bis 15.30 Uhr | Eintritt **134**
Spezialitäten **30**
Sprachen **20**
St Andrews **157**
British Golf Museum Bruce Embankment | ✆ 01334460046 | www.britishgolfmuseum.co.uk | Mo–Sa 9.30–17, Winter 10–16, So 10–17, Winter 10–16 Uhr | Eintritt **157**
St Andrews Castle The Scores | April–Sept. tgl. 9.30–17.30, Okt.–März 10–16 Uhr | Eintritt **157**
St Andrews Cathedral The Pends | April–Sept. tgl. 9.30–17.30, Juli Di, Do bis 20, Okt.–März 10–16 Uhr | Eintritt **15**
Staffa **10**
Hin- und Rückfahrt von Ulva Ferry mit Turus Mara (www.turusmara.com) oder ab Fionnphort mit Staffa Tours (www.staffatours.com)
Steall Falls **10**
Steuern **1**
Stirling **16**
Church of the Holy Rude St John St. | ✆ 01786475275 | Mai–Sept. und Osterwochenende tgl. 11–16 Uhr | Spende erbeten **16**
Mercat Cross **16**
National Wallace Monument Hillfoots Rd. | ✆ 01786472140 | www.nationalwallacemonument.com | April–Juni, Sept.–Okt. tgl. 9.30–17, Juli, Aug. bis 18, Nov.–Feb. 10–16, März bis 17 Uhr Eintritt frei, Gipfel kostenpfl. **16**
Old Town Jail St John St. | ✆ 01786464640 | www.oldtownjail.co.uk | April–Okt. tgl. 11–17 Uhr, Führungen alle 30 Min. | Eintritt (Audioguide inkl.) **16**
The Battle of Bannockburn Visitor Centre Glasgow Road | ✆ 01786812664 | www.nts.org.uk/visit/places/bannockburn | Okt.–März tgl. 10–17, April–Sept. tgl. 9.30–17.30 Uhr | Eintritt, Park frei **16**

Tolbooth 168
Stirling Castle Castle Esplanade | ✆ 01786 45 00 00 | www.stirlingcastle.scot | April–Sept. tgl. 9.30–18, Okt.–März 9.30–17 Uhr | Eintritt (Führung auf Englisch inkl.) 168
tonehaven 143
Tolbooth Museum Old Pier | ✆ 075 12 46 63 29 | www.stonehaventolbooth.co.uk | Okt.–März Sa, So 12.30–15.30, April–Sept. Mi–Mo 13.30–16.30 Uhr | Eintritt frei 143
traßennetz 14
trathpeffer 192
trathy Point 186

T

abak 20
anken 15
antallon Castle 172
April–Sept. tgl. 9.30–17.30, Okt.–März 10–16 Uhr | Eintritt
artan 35
elefon 22
he Hermitage 144
hree Sisters of Glen Coe 109
hurso 186
ourist-Infos 20
raditionen 34
rinkgeld 19
weedbank 176

U

Übernachten 13
Ullapool 189
Ulva 100
Überfahrt von Ulva Ferry nach Ulva nach Reserv. unter ✆ 01688 50 02 26 | Mo–Fr 9–17 Uhr, Juni–Aug. auch So
Unabhängigkeitskriege 32
Urquhart Castle 128
✆ 01456 45 05 51 | April–Mai, Sept. tgl. 9.30–18, Juni–Aug. 9.30–20, Okt. 9.30–17, Nov.–März 9.30–16.30 Uhr (letzter Einlass 45 Min. vor Schließung), 25./26. Dez. geschl. | Eintritt

W

Wandern 29
Water of Leith Walk Way 151
Wechselkurs 18
Whisky 31, 134
Wick 185
Old Pulteney Distillery Huddart St. | ✆ 01955 60 23 71 | www.oldpulteney.com | Okt.–April Mo–Fr 10–16, Mai–Sept. Mo–Fr 10–17, Sa 10–16 Uhr | Führungen 11 und 14 Uhr 168

Z

Zeitverschiebung 8

REISENOTIZEN

3ILDNACHWEIS

.dobe Stock

12, 23, 24 (oM, or, ul, uM, ur), 26, 28 (ol, oM, or, ul, uM, ur), 29 (ol, oM, or, ul, uM, ur), 30 (ol, oM, or, Ml, MM, Mr, ur), 32 (or, ul), 33 (ol, or, ul, ur), 34, 35 (l), 36 (ol, oM, or, ul, uM, ur), 39 (ol, or, ul, uM, ur), 40 (ol, oM, ul, uM, ur), 41, 43 (oM, Ml, Mr, ul, uM, ur), 48, 51, 52, 58, 59, 60, 64, 70, 73, 74 (u), 78, 83, 86, 87, 94, 96 (ur), 98, 100, 101, 102 (or, ul), 105, 106, 113 (o, u), 116, 118 (or, ul), 119 (u), 120, 123 (o), 124, 126, 129, 131, 132, 133, 134, 142, 147 (or, Ml, MM, Mr, ul), 148, 151, 153, 154, 156, 157 (l, r), 161, 170, 173, 174, 177, 179 (ol, oM, or, ul, uM), 180, 181, 184, 185, 187, 188, 190, 191 (ol, ur), 192, 193

hutterstock

24 (ol), 32 (ol, ur), 35 (r), 38, 40 (or), 49, 50, 53, 54, 55, 62, 65 (l), 67, 72 (o), 74 (o), 80, 82, 84, 88 (o, u), 89 (Ml, ur), 90, 96 (ol), 97, 109, 119 (o), 121 (or), 123 (u), 138, 139, 140, 141, 147 (uM, ur), 150, 160 (ul), 162, 164, 165, 169 (ul), 186, 189

emis.fr

© Aurorahemis.fr: 121 (ol); © BOISVIEUX Christophe: 39 (oM), 111, 130; © CEGALERBA Nicolas: 21; © Jon Arnold Images: 11, 27, 30 (uM, ul), 43 (MM), 65 (r), 69, 115; © PISTOLESI Andrea: 8; 21 (u), 68; © Robert Harding: 2, 93; © TRAVEL Collection: 76, 152

lamy

© GARY DOAK: 169 (or); © Findlay: 43 (or); © Iain Masterton: 158; © John Peter Photography: 77; © David Robertson: 108; © Kay Roxby: 66, 75; © Ian Rutherford: 166; © Mark Sunderland Photography: 168; © travellinglight: 110; © Eye Ubiquitous: 72 (u); © Ivan Vdovin: 160 (or)

ür die Bereitstellung dankt der Verlag

© Platform Glasgow, 66

Die französische Originalausgabe mit dem Titel »Simplissime Écosse – le guide de voyage le + pratique du monde « erschien erstmals 2020 bei Hachette Livre (Hachette Tourisme) Vanves, Frankreich.

Autorin: Sarah Lachhab
Kartografie: Frédéric Clémençon, Aurélie Huot
Grafische Gestaltung des Innenlayouts und des Umschlags: Studio HelloÉlo
Leiter der Buchreihe: Jean-François Mallet

Verantwortlich: Claudia Hohdorf
Übersetzung: Ewald Tange
Redaktion: booklab
Korrektorat: Ulla Thomsen
Satz: booklab
Repro: LUDWIG:media
Herstellung: Alexander Knoll
Printed in Slovenia by Florjancic

ISBN 978-3-7343-2493-2

★★★★★

Sind Sie mit diesem Titel zufrieden? Dann würden wir uns über Ihre Weiterempfehlung freuen.
Erzählen Sie es im Freundeskreis, berichten Sie Ihrem Buchhändler, oder bewerten Sie bei Onlinekauf. Und wenn Sie Kritik, Korrekturen, Aktualisierungen haben, freuen wir uns über Ihre Nachricht an Bruckmann Verlag, Postfach 40 02 09, D-80702 München oder per E-Mail an lektorat@verlagshaus.de

Unser komplettes Programm finden Sie unter www.bruckmann.de

Die Deutsche Nationalbibliothek verzeichnet diese Publikation in der Deutschen Nationalbibliografie; detaillierte bibliografische Daten sind im Internet über http://dnb.d-nb.de abrufbar.

WAS IST DAS BESONDERE AN DIESEM REISEFÜHRER?

Es ist ein Reiseführer für alle Reisenden und alle Arten von Reisen: it der Familie oder mit Freunden, für jedes Budget, mit dem Auto oder it öffentlichen Verkehrsmitteln.

Sie finden sämtliche Informationen, die Sie brauchen, um Ihren Urlaub gut orzubereiten.

Es ist ein Buch, das sich auf das Wesentliche einer Reise konzentriert, damit ie nichts von dem verpassen, was man unbedingt gesehen haben muss.

Das Buch hat eine AutorIn, die ihre Lieblingsadressen nennt: Restaurants it lokalen Spezialitäten, Bars und Cafés für entspannte Pausen, die hnendsten Sehenswürdigkeiten und vieles andere mehr.

as Symbol weist darauf hin.

etaillierte Karten begleiten jedes Kapitel.

ieses Buch besteht aus vier Teilen:

Praktische Infos zum Reiseziel: Klima, Gesundheitsversorgung, ebenshaltungskosten, Transport, Unterkunft und mehr – alle praktischen inge, die Sie zur Vorbereitung Ihres Urlaubs und für eine entspannte Zeit or Ort benötigen.

Die **Themen der Region:** Dieser Abschnitt hilft Ihnen bei der Planung rer Reise. Suchen Sie sich hier Ihre persönlichen Highlights aus.

Touren und Reisetipps: eine Rundtour durch die Highlands und zu den seln, Reisetipps für einen Aufenthalt in der Umgebung von Edinburgh und n Roadtrip auf der atemberaubenden Küstenstraße NC500.

Ein sehr praktisches **Register**, das viele nützliche Informationen und ffnungszeiten für einzelne Sehenswürdigkeiten auflistet.

inweis: Die Zeile auf der Seite oben links verweist auf die aktuelle Etappe.

Womit anfangen?

Wählen Sie die Region in Schottland, die Sie besuchen möchten. Die **Tour 1** »Schottlands Highlights« (ca. zwei Wochen Reisezeit, siehe S. 42) bietet sich für eine erste Erkundung der Region an.
Im Kapitel **Reisetipp 1 Rund um Edinburgh** (siehe S. 146) finden Sie eine Reihe von Tagesausflügen rund um die schottische Hauptstadt.
Der **Road Trip an die Nordküste 500** (fünf Reisetage, siehe S. 178) führt in die fantastische Landschaft der nördlichen Highlands und kann als Erweiterung der Tour 1 ab Inverness betrachtet werden.

Vor der Abreise

Buchen Sie Ihren Flug (S. 10), Ihre Unterkunft (S. 13) und Verkehrsmittel vor Ort (S. 16–17), insbesondere Fähren. Informieren Sie sich über die neuesten Regelungen, die infolge des Brexits gelten. Wenn Sie Wanderungen unternehmen wollen, sollte die passende Ausrüstung mit ins Gepäck.

Öffnungszeiten

Die Öffnungszeiten und praktischen Infos zu jedem Standort sind im Register detailliert aufgeführt (S. 194).

BREXIT

Der Austritt des Vereinigten Königreichs aus der Europäischen Union hat einige Änderungen u. a. bei den Einreisebedingungen, Krankenversicherungsvereinbarungen und beim Roaming mit sich gebracht. So wird etwa seit Oktober 2021 grundsätzlich nur noch der Reisepass als Einreisedokument anerkannt. Informieren Sie sich vor der Abreise unbedingt auf der Website des Auswärtigen Amts: www.auswaertiges-amt.de, Rubrik Sicher Reisen.